一位作文名师的家教秘籍

伍苹◎著

 湖南少年儿童出版社
HUNAN JUVENILE & CHILDREN'S PUBLISHING HOUSE

图书在版编目（CIP）数据

赋予孩子写作的力量：一位作文名师的家教秘籍 / 伍苹著 . —长沙：湖南少年儿童出版社，2018.8
　　ISBN 978-7-5562-3112-6

　　Ⅰ . ①赋… Ⅱ . ①伍… Ⅲ . ①作文课－小学－教学参考资料②小学生－家庭教育 Ⅳ . ① G624.243 ② G782

　　中国版本图书馆 CIP 数据核字 (2018) 第 091401 号

FUYU HAIZI XIEZUO DE LILIANG　　YI WEI ZUOWEN MING SHI DE JIAJIAO MIJI
赋予孩子写作的力量　　一位作文名师的家教秘籍

质量总监：阳　梅　　图书策划：张朝伟
责任编辑：方　妤　　排版制作：刘　纯　晏成立

出 版 人：胡　坚
出版发行：湖南少年儿童出版社
社　　址：湖南省长沙市晚报大道89号　　邮编：410016
电　　话：0731-82196340（销售部）　　0731-82196313（总编室）
传　　真：0731-82199308（销售部）　　0731-82196330（综合管理部）
常年法律顾问：北京市长安律师事务所长沙分所　张晓军律师

经销：新华书店　　印刷：长沙超峰印刷有限公司
印张：16　　字数：210 千字
开本：710 mm×1000 mm　　1/16
版次：2018 年 8 月第 1 版
印次：2018 年 8 月第 1 次印刷
书号：ISBN 978-7-5562-3112-6
定价：35.00 元

版权所有　侵权必究
质量服务承诺：若发现缺页、错页、倒装等印装质量问题，可直接向本社调换。
服务电话：0731-82196362

序

父母是最好的作文老师

林文宝

"父母是孩子最初的语文老师",这是不争的事实,只是大部分的父母不知道。有一则广告,广告词这么说:"自从当了父亲之后,才开始学习当父亲。"这意味着孩子生下来,我们当上父母之后,才学习如何教养孩子。你也许要问,这样会不会来不及?

其实,这没有来得及或来不及的问题,只有观念正不正确与执不执行的问题。

就从"父母是孩子最初的语文老师"这个观念来讲,可能引起很多父母不同的看法:"我不是语文老师,怎会教语文呢?""语文课程不就是学校老师的事吗?""就算要我教,我也教不来。"

孩子最初的学习,先从模仿而来。他们讲话的词汇、口音、习惯都是来自父母潜移默化的影响,不知不觉他们就学会了。怎能说父母不是语文老师呢?

只是父母随生活习性进行未经系统化的语文导引而不自觉,有可能错过了孩子的语文学习黄金期。

大部分的父母都将"学习"推给学校,尤其"语文学习"

更是老师的责任。的确，在孩子的语文学习中，教师扮演着重要角色，在他们系统且专业的指导下，孩子的语文水平得以提升。

殊不知父母自己扮演的角色更重要，倘若自己具备语文教学的基础观念，与学校教师互相配合，相辅相成，那么孩子在语文学习上将会事半功倍。

当孩子进入小学之后，语文学习跃升到写作能力的培养，意即不只是语文的听、说、读，还加入能力升级的"写"。

"写"，就是"书写"，是写作能力的表现。这对大部分父母而言，更加头疼了。自己在听、说、读方面都已经懵懵懂懂不知如何指导了，碰上辅导"写作"，几乎是要举白旗投降了。

系统化的写作要有专业的作文教师指导。但是，父母因为未曾受过专业的写作训练就不能教孩子作文了吗？

答案显然不是这样的。回到"父母是孩子最初的语文老师"这个观点来谈，我们探索的是父母对作文教学在观念上的问题，我们期待的是父母对作文教学在执行上的坚持，我们鼓舞的是父母对作文教学学习的自信，因为"父母是孩子最好的作文老师"。

关于"父母是孩子最好的作文老师"这个观念，"苹果树下"文学坊的伍苹老师注意到了。她在《赋予孩子写作的力量》这本书中，专门要来谈论这个议题，换言之，就是给父母提供"健全"的写作教学的知识与方法，让爸爸妈妈们在家也能指导孩子写作。

其实，这个议题的另一层含义，也是告诉父母，有时父母扮演的语文教师的角色不是学校老师能取代的。只要有心去做，方法正确，带来的效果往往具有"关键性"的导引作用。

父母的角色是通过学习而来的，不要因为不懂作文，就拒绝指导作文。这本书其实是一本孩子写作培育的家庭手册，就是在告诉父母怎么引导孩子写作文。

伍苹老师在《赋予孩子写作的力量》中关于作文的教学观念与具体做法，在分类上面面俱到，且观点俱全。

父母通过作文与孩子形成生命共振，作文不是为了考试，而是生命经历的一种表达。这一语道破的箴言，正点破父母的迷思。写作是能力，展现思维与叙事的能力，可以支持各学科，服务各种学习。

生活是一座题材宝库，正是说明观察与体验的重要。唯有留心，才不会让素材跑了。换言之，把握好素材细节，才能将笔下的人、事、景、物写得细腻与动人。

伍苹老师是一位资深的专业写作指导工作者，她知道如何具体地将"写作方法"运用出来，告诉父母怎么做。例如，写作先从"问"开始，这个"问"就是思考。有思考，材料就进到脑子里了。通过"问"的要领，唤醒孩子的回忆，然后串起写作的思路。

她将阅读导引也放进这本书里与父母分享。阅读是积累"先备知识"最有效的方法，但父母的迷惑是孩子该读什么书？怎样让孩子拥有阅读的兴趣？孩子读了书没有长进怎么办？这些困惑父母的问题，书中将一一说明。

作文教学的另外一种训练，是训练孩子的创意。让孩子的大脑动起来，多元思考的训练，在写作之中格外具有意义。从独特的视角开始，表达丰沛的情感，到孩子"新鲜"的表达，都是要让孩子养成"独立思考"的能力。

把成就感还给孩子，这里再提供给父母一个观念，借写作的历程，作为鼓励与表扬孩子的管道。写作能力是可以被培养的，但培养的过程中，难免有低成就的阶段，那么父母如何发现孩子的优点，如何鼓励孩子进步，如何掌握孩子的亮点做有效的鼓励，让孩子有渴望发表的欲望，伍苹老师在书中一一告诉了我们要领。

作文难，作文不容易，但可以被指导。写作能力是每个孩子必须养成的基本能力，父母不可忽视，因为写作这样的"叙事能力"，也正是孩子未来的竞争力。

林文宝教授　台湾省台东大学儿童文学博士生导师，长期致力于语文教学研究、儿童文学研究及儿童阅读推广。

前言

赋予孩子写作的力量

伍苹

女儿十二岁生日前夕，我们为她制作了一个小册子，这是一本文集，里面收录了她小学阶段所有的日记和习作，我们为之起名为《童年的匣子》。仔细翻看，从一年级的第一篇口述日记到六年级的话题作文，从童言稚语到逐步成熟的夹叙夹议，我仿佛看到了孩子文学生长的年轮，也看到不同时期孩子的变化和特点。一本书翻完，孩子的童年图形也就慢慢盈满眼前。

女儿的文字是生动的。她在小学阶段发表了十几篇习作，有两家杂志社是以"小作家专栏"的形式来登载她的作品。五年级下期，她晋级全国创新作文总决赛，获得一等奖，全国仅十名，这些荣誉带给孩子不少自信。她也越发喜爱写作。

很多人说她有写作的天赋。

其实，作为她的母亲和作文启蒙老师，我很清楚，女儿并不具备这样的天赋。她说话很晚，快两岁了才能说出几个零星的词；她很难把头脑中的形象转化为文字，一度是班里写作速度最慢的孩子；她缺乏表达逻辑，常常离题千里……我也为此焦虑过，写作是我很看重的能力，我一直在寻找更有效的方法来帮助女儿跨越障碍。

于是，从天南海北的选书，到每晚的亲子共读，从带着孩子去旅行，到散步时的闲聊，我力求让孩子在大世界里学大语文。小小的她，被我牵着手，推开了文学之门，步入了鲜花盛开的殿堂，这个世界的缤纷令她着迷，诗歌、绘本、安徒生的童话、西顿笔下的动物世界、黄蓓佳的倾情故事……随手采撷的，都是满满的幸福。

文学经典滋润了她的身心，点亮她的灵性，阅读带给她思考，带给她情绪的波动，进而激活了她小小的悲悯心，她变得善解人意，洞察世事。她有了最初的写作欲望，于是，从她说我记，到写一句话、一首诗、一篇日记，孩子开始享受写作和表达的舒畅。

韩国阅读专家南美英博士说："写作，是让全世界站在我这边的力量。"每个家长都渴望自己的孩子拥有这种力量。但要知道，赋予这种力量的，有老师，有书本，而最重要的幕后推手，是父母。

可很多父母不知道如何培养孩子的写作能力。

我经常会遇到一些来咨询的家长，他们忧心忡忡，被一大堆问题困扰："我的孩子不喜欢写作！""我家孩子一拿起笔就叫我帮忙，根本下不了笔！""写出来的东西干巴巴。""每次写周记都不知道写什么。"……站在他们旁边的孩子，似乎也神情黯然。父母的焦虑感染了他们，他们觉得自己是不会写作的笨孩子。

每每看到这一幕，我就很难过，其实教会孩子写作，是有方法的。

比如指导孩子寻找写作素材，在这一方面，父母扮演的角色是老师无法替代的。因为每天陪伴孩子，与之朝夕共处的是父母，他们熟知孩子经历的事情。再比如培养孩子阅读兴趣，父母也有得天独厚的优势，带着孩子逛书店，早期的亲子阅读，这些都需要日积月累、点滴浸润。

这本书，就是写给父母看的作文书，是一本写作能力家庭培养手记，是一套攻略，告诉父母怎样在家培养孩子的写作能力。只要稍加用心，我们就能赋予孩子写作的力量。

相信孩子，他们都能成为写作高手，而在高手背后，是胜过老师千万倍的智慧父母！

好作文？坏作文？
——放下大人的偏见

家长最想知道

- 什么样的作文是好作文？怎么评价孩子的作文？
- 孩子的作文能编造吗？怎样处理作文中真实和虚构的关系？

1. 调到孩子的频道 ··· 1
2. 留住真实的香味道 ··· 5
3. 好作文长这样 ·· 9

苹果老师的叮咛 ·· 14

多方"预谋"，把成就感还给孩子
——兴趣是无穷的动力

家长最想知道

- 孩子把写作当作苦差事，怎样才能培养孩子的写作兴趣？
- 我知道要多表扬孩子，但该怎么表扬才能起到鼓励作用？

  1. 发现亮点，有针对性地赞美……………………………………… 16

  2. 寻找发表的平台…………………………………………………… 20

  3. 带着孩子去参赛…………………………………………………… 22

  4. 让孩子感受表达的舒畅…………………………………………… 25

家庭教育案例分享

  来自雯文妈妈的分享………………………………………………… 34

苹果老师的叮咛……………………………………………………… 40

叁

留心，不要让好素材跑了
——炼就选材的火眼金睛

家长最想知道

  🌱 拿到作文题目，孩子总是不知道该写什么，父母应该怎样帮助他选材？

  🌱 什么才算是好的素材？

  🌱 我经常带儿子外出旅行，但他仍然无法写好游记，我应该如何辅导？

  1. 好素材在哪儿………………………………………………………… 41

  2. 选材三字诀………………………………………………………… 45

  3. 蛛网式剖题法……………………………………………………… 48

  4. 克服偏好，拓宽选材之路………………………………………… 49

  5. 好记性不如烂笔头………………………………………………… 53

  6. 旅游素材有讲究…………………………………………………… 57

教师课堂案例分享

  剖题中的思维打开…………………………………………………… 62

家庭教育案例分享

关于写作素材积累 …………………………………………………… 64

附　录

带着孩子去旅行 …………………………………………………… 66

苹果老师的叮咛 …………………………………………………… 69

提笔前的重要节点
——写作从这里出发

家长最想知道

- 告诉了孩子该写什么,他还是下不了笔,不知道从何写起,怎么办?
- 孩子写作文动辄一两个小时,怎样让他速度加快?
- 可以让孩子进行仿写练习吗?仿写算不算抄袭?

1. 写作从"说"开始 …………………………………………… 70

2. 写作从"问"开始 …………………………………………… 76

3. 写作从提纲开始 ……………………………………………… 80

4. 写作从模仿开始 ……………………………………………… 89

教师课堂案例分享

记住三点,写出独一无二的开头 ………………………………… 97

苹果老师的叮咛 …………………………………………………… 99

让每篇习作都盛开细节之花
——把作文变生动的法宝

家长最想知道

- 孩子作文总是写不长，写不生动，该怎么辅导他？
- 怎样培养孩子的观察力？
- 训练孩子细节描写有哪些方法？

1. 培养孩子的细节意识……………………………………100
2. "四个花瓣"名堂大………………………………………106
3. "五员大将"了不起………………………………………123
4. 片段攻克法………………………………………………132

教师课堂案例分享

① 一堂片段课的生成………………………………………135
② "魔鬼训练"专项攻破……………………………………137

附　录

动作描写训练层级…………………………………………140
观察力训练层级……………………………………………141

苹果老师的叮咛………………………………………………141

让文章立起来的功夫
——立新"意"，抒真"情"

家长最想知道

- 应该怎样训练孩子的思维能力，让孩子的作文有新意？

- 怎样让孩子的作文写出情感？
- 如何帮助孩子进行新鲜的表达？

1. 让孩子的大脑动起来……………………………………………… 143
2. 让孩子的情感更丰富……………………………………………… 156

附　录

给女儿的十岁生日信………………………………………………… 171
女儿给我们写了一封感恩信………………………………………… 173

苹果老师的叮咛……………………………………………… 174

柒

绕不开的话题：阅读力
——打开读写之门

家长最想知道

- 孩子在不同的年龄段该读什么书？选书有什么窍门？
- 怎样培养孩子的阅读兴趣？
- 孩子读了不少书，怎么写作文还是没长进？是不是阅读方法有问题？

1. 怎样营造家庭阅读氛围？………………………………………… 175
2. 怎样培养孩子的阅读兴趣？……………………………………… 178
3. 怎样给孩子选书？………………………………………………… 180
4. 怎样让孩子有效地阅读？………………………………………… 184
5. 怎样进行亲子阅读？……………………………………………… 186

家庭教育案例分享

① 关于有效阅读的育儿日志摘录………………………………………… 194

②抱团读书，效果翻倍……………………………………………………195

附　录

提升阅读力的十大妙招……………………………………………………197

苹果老师的叮咛　　　　　　　　　　　　　　　　　　　　222

捌 你问我答
——家长还会遇到哪些问题

家长最想知道

困惑一：孩子拿到一个很好的选材，却不知如何剪裁，如何安排文章的详略。怎样提高孩子的叙事能力？

困惑二：孩子写读后感特别困难，感觉无法下手，有什么好方法？

困惑三：孩子写作速度太慢，有什么方法帮助他提速呢？

1. 孩子拿到一个很好的选材，却不知如何剪裁，如何安排文章的详略。怎样提高孩子的叙事能力？…………………………………………………223
2. 孩子写读后感特别困难，感觉无法下手，有什么好方法？………………228
3. 孩子写作速度太慢，有什么方法帮助他提速呢？……………………233

家庭教育案例分享

"定制"作文……………………………………………………………236

苹果老师的叮咛　　　　　　　　　　　　　　　　　　　　240

后　记

亲近文学的孩子更幸福…………………………………………………241

壹 好作文？坏作文？
——放下大人的偏见

家长最想知道

- 什么样的作文是好作文？怎么评价孩子的作文？
- 孩子的作文能编造吗？怎样处理作文中真实和虚构的关系？

1. 调到孩子的频道

有一次，在学校大厅，我听到一位奶奶正在训斥自己的孙女："你看看，学了这么长时间了，还写成这个样子，一点儿中心思想都没有，还这么短！"女孩在一边低着头，眼泪止不住地往下流。我连忙走过去安抚孩子，并翻开她的作文本，看了看这篇被奶奶批得一无是处的作文。孩子写了一件关于礼物的事情，大意是她以为生日那天妈妈会送给她一辆自行车，没想到下午妈妈回家带给她的是一摞习题集，她好失望，觉得妈妈一点儿都不懂她的心思。我觉得这篇作文写得挺好，正如老师的批语：本文最精彩之处在于制造出了强烈的反差效果。小作者紧紧围绕着礼物这条线索，以心中的愿望开头（梦寐以求的"一辆红色自行车"），以现实的结果收笔（妈妈要求完成的"各个学科的习题集"），使读者与小作者一起经历了一次从强烈的希望到深深的失望的心路历程。其间，小作者也让活泼的自己与严厉的妈妈、孩子的心与妈妈的心、玩耍与学习、"爽"与"苦"等形成强烈的反差，给读者留下了深刻的印象。

可就是这么一篇好作文，在奶奶眼里却不合格，因为没有奶奶想要的"中心思想"和足够的篇幅。别说奶奶这个年龄，好多年轻的爸爸妈妈，小时候受到的教育就是，作文要"中心明确""内容翔实"。值得我们思考的是，作文一定要表现什么意义吗？如果这样的话，好多孩子的作文都不合格，因为他们的习作仅仅是在叙述一件有趣或难忘的小事情，比如牙齿掉了，上学迟到了，甚至有时候写得还挺"反动"，比如：老师真讨厌，布置这么多作业；妈妈真唠叨，成天数落我，等等。要是奶奶看到这些作文，不知会做何感慨。

著名儿童文学作家曹文轩曾经讲过，作品有两种，一种是有意义，一种是有意思，两种都不分高下，不一定每一部作品都是有意义的。这篇习作，写得真实生动，把小作者渴望有一辆自行车却得不到的心理展现得淋漓尽致，还需要加入怎样的意义或者是中心思想呢？事情就这么简单，讲述得非常清楚，为什么非要写两页呢？是不是字数多就是好文章？

我特别反对有些老师给孩子规定习作字数，必须400字或500字，孩子不敢违背，只得没话找话，结果全是空话、废话、拉拉杂杂的话。有的孩子甚至一边写一边数，完全是在凑字数，真让人哭笑不得。孩子的作文写不长，是没有掌握细节描摹的方法，这个我会在后面的章节专门讲述。但即便有了细节，也不见得越长越好。我常常对学生说，文章的好坏不在于长短，有话则长，无话则短，千万不要为了写长而凑字数。鲁迅先生一辈子没有写过长篇，可他在中国现代文学史上的地位无人能企及。《伊索寓言》每一篇都很短小，可带给我们的启迪却是深远的。

什么是好作文？我觉得符合孩子的表达特点，真实、自然、富有童趣的就是好作文。

我的朋友秋芳是台湾著名的作文培训专家，她曾经给我和同事们举了两个孩子的习作例子：

※ 爷爷抱着我，像肉包子的皮，我是肉包子里的肉，软软的，好快乐！
※ 下大雨，我们全身都淋湿了，像掉在泥巴里，脚都举不起来。

第一个句子写爷爷和"我"分别时的情景，我们成人可能用一个"依依不舍"就搞定了，孩子却用了天真朴素的语言来把这个严肃的"依依不舍"具体化。第二个句子所表现的场景，我们会用"落汤鸡"来形容，可是孩子的体验完全不一样。

你说，这样的句子好不好？

当然好！这些朴素的描述，表现出成人不能复制的感觉与体验，准确地再现出孩子独特的人生阶段。注意，这个阶段和体验是不能复制的，3岁孩子说的话，8岁的孩子不会再那么说了，如果3岁孩子说出了8岁孩子该说的话，其实是不真实的。

真正的好作文，珍藏着孩子们各自私密永恒的生命印记。

记得2012年的一个全国作文比赛，第一题是片段写作："假如明天是世界末日，你会做些什么？"孩子的选择各有不同：有的想抱抱妈妈，拜访所有的亲人，如果他们不知道这个坏消息，他绝不说出来；有的则想畅玩电脑游戏，打到100级，再吃遍天下美食；有的想把家里的小兔子放归大自然，让它享受一天的自由时光；还有一位父母离异的孩子，期待最后一天能和自己的亲生父母一起度过……你不能说哪一种好，哪一种不好，每一种想法都很美，都是独特的、真实的，你能透过这些文字看到孩子鲜活的个性特征，了解他们的真情实感，这就是好作文！

这样的作文挺多，比如——

学生习作：

找厕所

五年级　李亦辰

我在科技馆里玩，好不容易等到能量穿梭机开始运行，突然感觉内急，但我还没看过瘾，就憋着尿站在原地继续看。

当一个个大铁球被提升到最高处，正极速往下冲入三个360度轨道时，我实在是忍不住了，于是快速地冲向厕所。幸好我经常到科技馆玩，对那里很熟悉，轻车熟路地就到了卫生间。哪知道卫生间门口早已排起了长龙，比刚才看能量穿梭机表演的人还多。我可等不及了，接着往楼下的厕所冲去。

下完楼梯，我却傻了眼。科技馆里什么时候增加了一个迷宫啊？明明刚才我来的时候都没有，怎么偏偏在这紧要关头冒出来了？成心跟我作对嘛。不管三七二十一了，我向左向右，向左再向右，凭着超强的方向感，很快我就看到了卫生间的门，于是拼命地冲了过去。"嘭"的一声，可恶！谁设计的迷宫？竟在卫生间门前装了一堵玻璃墙。我只好重新找出口。左左左右右右……我实在快憋不住了，我的尿似乎马上就要喷射出来了，我可不想变成水上摩托。出口到底在哪里啊？

没想到，刚一转过拐角，卫生间就出现在了我的眼前，真是解了我的燃眉之急。终于轻松了！

突然，我觉得自己被水淹没了。啊！难道是海啸了吗？我使劲地睁大眼睛，居然发现我躺在自己的小床上！悲催了，呜呜呜……

指导老师：王晓燕

老师评语：本文有三大亮点：第一选材独特。以"找"为话题，很多同学都会写诸如找钥匙、找卷子、找语文书之类不温不火的选材。而亦辰同学的这篇文章，一看题目就会觉得与众不同，能够吸引读者读下去。第二，情节发展过程中自然地穿插真实的心理感受，能引起读者的共鸣。第三，结尾交代事情的"真相"，读来让人忍俊不禁。

我们经常说，要调到孩子的频道。如果以成人世界的标准来判断孩子的行为，那就太委屈孩子了。同样的道理放在习作上，我们要站在孩子的角度，用孩子的眼光来看待他的表达和心情，这样才能和文字背后的生命产生共振。

2. 留住真实的香味道

教过作文的老师会发现，越小的孩子，作文越有灵气，年龄越大，作文就越发沉闷刻板，缺乏新意。这可能跟我们的教育方式有关。为了应考，很多老师都会给孩子一些套路和模板，对于立意不高、剑走偏锋的作文一律打击，为的就是提高保险系数。孩子在无数次受限后变得驯服，他们的写作规规矩矩，灵气消失殆尽。想来真的很可悲，这样被教育出来的孩子，从小就学会了撒谎，不会真实地表达自己的心迹。

我曾经教过一个三年级的男孩，他有一篇作文写的是玩沙被罚。学校有一个沙坑，是孩子们的乐园，一下课他们就跑去玩沙、堆沙堡。学校怕影响校园环境，禁止孩子们去玩。结果有一天，几个调皮的孩子忍不住又跑去玩沙，被校长逮到，扣了班分。孩子把这件事情写进了作文，前面写得挺好，就是结尾来了一句："从此以后，我要改正错误，再也不到沙坑玩沙了！"这不就是我们常说的大尾巴结尾吗？好多孩子都这样写。我问男孩，你真不想再玩沙了？他说想。我又问，如果校长不怎么管了，你们还想不想去玩？他点点头。我鼓励孩子把自己真实的想法写下来作为结尾，孩子这样写道："虽然被扣了班分，但我们还是想去玩，因为沙坑太好玩，我们有点忍不住啊！"好！要的就是这样的真实。

我鼓励孩子写真实的感受，慢慢地他们才会真正领悟到抒发真情带给作文的提升。

记得女儿上二年级的时候，有一天姨婆用微波炉热菜时不小心拨到了烧烤档，不一会儿浓烟四起，报警器呜呜作响，我们以为是微波炉起火了，吓得差点打119，女儿更是用上了学校教的应急知识，把红领巾打湿捂住鼻子。直到微波炉时间到，"当"的一声响，我们才知道是怎么回事。就这么个事情，我觉得很特别，就赶紧让女儿把它写在当天的日记里。结果女儿在日记里写了一句："屋子里弥漫着菜的香味。"我说，当时情况这么紧急，你应该写屋子里烟雾弥漫，夹杂着一股焦煳味，这样描写才与气氛相吻合。没想到女儿据理力争："没有焦煳味，只有菜的香味，我明明闻到了的。""那就写焦煳味中夹杂着一点儿香味吧。"我做出让步，可女儿还是不答应，坚持原来的写法。趁屋里的味道还未散尽，我又仔细闻了闻，可能是烧烤的作用，确实把菜的香味烤出来了。我突然警醒，自己为了所谓语感上的合情合理，却违背了一直以来教女儿要坚持真实的原则，我连忙道歉。这个香味道当然要，它不仅弥漫在家里，弥漫在孩子的文字里，还会长久地弥漫在孩子的心里。

女儿到了六年级，我把她的作文整理成了一本册子，再次回顾，发现她写的作文都很真实，很少有虚情假意，更没有编造撒谎。这个习惯一直伴随她成长，后来她到英国上高中以后，写了几篇习作，依然朴实无华，却因为真实而格外打动人。这是文字的力量。我一直以为，文字的力量不在华美，而在思想。而要想流畅地表达独到的思想，回归真实的体验是第一步。

女儿习作（高一）：

根

"出国以后更爱国。"长辈们如是说。

我对此不以为然。

又常常听到留英前辈们感叹："到英国第一年想回国，第二年慢慢习惯，第三年就不想离开了。"私以为，这和"爱国"走的绝对不是一个方向。

但这些毕竟都是当年作为局外者的揣测。直到如今，自己真的晕晕乎乎地踏上了留学之路，才开始仔细琢磨，这所谓的"爱国"，是否就是爱积淀在这片土地里的文化。

在国外，和法语老师"侃大山"，给她讲中文有多"变态"的时候；仗着外国人看不懂，炫耀自己那惨不忍睹的"书法作品"的时候；自恋地在厨房里放着古琴曲，用不齐全的茶具泡茶的时候……我知道，这么多年来埋下的种子在发芽了。

只不过，这些种子的催化剂不是爱，而是恐惧。

是的，我怕了，我从去年九月份在飞机上看到泰晤士河的那一刻开始就怕了。十二个小时前，我还在家里抱着猫，还是个等着开学、一脸傻气的准高中生；然而半天一过，我就这么毫无遮掩、毫无保留地暴露在一个古老的文明面前。

当时特意选了个国际学生比例少的学校，身边的中国人总共就七个：一个达州的，常年远离父母在北京上学，学成了社会青年；两个香港的，用普通话跟他们聊天比用英语费劲；一个九岁的小朋友，成天缠着我去读《斗罗大陆》；两个小学还没毕业就过来的，差不多也就只会中文这门语言，文化一片空白；还有一个华裔，一直莫名其妙地歧视中国人。

花了一个多学期把这些人、这些事理清后，我仿佛站在孤礁上瑟瑟发抖，环顾四周，只有狂风巨浪在呼啸，却没有一个依靠。

怕了？怕了。

为啥？怕站不稳。

一早醒来耳边就是欧美流行音乐，打开窗帘面对的是All Saints Church（诸圣教堂），上课谈的是莎士比亚，下课讲的是英式笑话，日日夜夜都是英国人骄傲自信的面孔在眼前浮动。在这涛涛的文化浪潮冲击下，身边似乎无所依无所靠。直到那天在厨房里摆茶席，被宿管老师揪着磕磕巴巴地解释了一堆"茶文化"后，我才反应过来，自己背后一直有一株可以仰仗的参天大树——华夏堂堂五千年的文化，自家的根不长出来，莫非还去倚靠邻舍的施舍？

于是那些在过去三年的忙碌中沉沦的东西终于得以重拾：抛下的国学书重现在床头柜上了；蒙灰的二胡、笛子发声了；一直应付了事的周记，如今也舍得花时间投感情了。

曾经仗着自己强悍的适应能力，本指望一来就能如鱼得水，融入得不留痕迹；现在真的开始实战了，幡然醒悟，要想彻底融入，得花很长时间。若想瞬时间达到，那就得把自己变得和他们一样。但为了迎合别人，自己都不是自己了，"融入"了又有何价值？就像同年级的那位华裔同学，即便早已和英国本地人打成了一片，却依旧避着中国人，以此否认自己的身份。自己都接受不了自己，别人接受了又有何用？想来想去，还是立下一片自己的树荫好，顺带还可以聚众纳凉。

至于这"出国以后更爱国"，其实我的感受是，有根，才立得住，站得稳，才有对话的自信。而来自五千年文明古国的这个身份以及多年的传统文化滋养，让我可以面对世界，骄傲地昂起头。

至于家长提出的能否让孩子进行合理编造的问题，我觉得要从两方面来看。一方面，对于小学生来说，还没有达到创作的高度，他们的作文素材基本都来源于自己的生活，所以我们提倡小学生以写真事为主。没有买过菜，肯定写不出精挑细选、讨价还价的细节；没有经历过迟到，就写不出站在门口的尴尬和懊悔……没有亲身经历过的事情是编不出来的。即便是写童话、想象作文，也不能瞎编，也要以真实的生活细节为落脚点来进行创作。另一方面，写作不是照搬和复制生活原貌，要根据写作的目的进行适当的删减和调整。比如写繁忙的早晨，不需要把从起床到出门的每件事都提到，只需选择其中的几个细节来突出早晨的繁忙和紧张就可以了。这其实不是编造，因为每一个细节都来源于真实的生活。作为父母，一定要让孩子明白真实写作的重要性，虚假的作文味同嚼蜡，无法打动读者。其实，对小学生来说，真实的作文好写，虚假的作文难编。

3. 好作文长这样

我们先来看两篇学生习作，比较一下，你更喜欢哪一篇。

挨　打

五年级　刘仕阳

星期天的晚上，我趴在床上，翻来覆去地睡不着。我摸着现在还火辣辣的屁股，不由得回想起了下午的那一幕，窗外的月亮似乎也没有了往日的温柔。

下午，妈妈要去超市买一些生活日用品，让我一个人留在家里写作业。我还没写几个字，游戏中的"超级玛丽"开始向我招手了，对啊，我可以趁妈妈不在家的时候打会儿游戏啊。我飞快地打开了电脑，进入游戏之中，打着打着，入迷了，忘了时间。就在我不经意地瞥了一眼时钟的时候，我顿时傻了——妈妈快回来了。可是我的作业呢？怎么办？我以迅雷不及掩耳之势关闭了电脑，飞奔到卧室奋笔疾书，可惜已经晚了。

"我回来了，儿子。"妈妈边开门边说，"看我给你买什么好吃的了。"虽然这声音很轻，但在我耳边如同一声炸雷，"炸"得我打了个寒战。我的脑袋里只有一个念头：这下我完蛋了！

妈妈走到我的房间，看了看我正在写的作业，眉头皱了起来，脸也由晴转阴，声音一下冷起来：

"仕阳，你刚才做什么了，作业怎么才写了一点点？"

我心里一紧，战战兢兢地回答："没……没做什么啊。"

"天啊！怎么办！老天保佑！"我心里默念着。

"没做什么吗？那为什么作业写得那么慢？"妈妈的声音提高了八度。

"我……我看了会儿课外书。"我只好编了个借口。

"你说的是真的？"

"真的！"妈妈没有说话，径直走到书房，摸了摸电脑机箱。我看她的脸色一下子阴转小雨了，不一会儿，她走过来厉声问道："你是不是打电脑游戏了？说实话。"

"没有。"我更加害怕了。

"好啊，还不承认，看我怎么收拾你。"她四下环顾，随手抓起一把尺子，一下子扒下我的裤子，"啪"的一声打了下来。

我赶紧往一边躲，妈妈见我还敢躲，更来气了，用手戳着我脑门，还推搡着我。我偷偷抬起头看了她一眼，她脸色铁青，五官挤到了一块，眼睛里充满着愤怒的火焰，好像要一下把我灼伤。我忍不住哭了起来。妈妈见状，吼道："哭什么哭，还觉得自己委屈？"

她又拿起尺子对着我的屁股打起来。我的屁股先是一麻，然后是火辣辣地疼。我边哭边央求道：

"妈妈……我错了，是我说谎了，你别打我了。"

可是妈妈此刻怒火中烧，根本听不进我的话，尺子一下接一下地落在了我屁股上，打得我的屁股就像许许多多的蜜蜂蜇过一样肿痛。

也许是打累了，妈妈停下了手，拿了张纸巾递给我。我看到妈妈的眼里少了些愤怒，多了些痛心；有些伤心，又有些慈爱。我明白了，妈妈打我的时候，是打在我的身上，痛在她的心上啊。她是爱我的，但更希望我是一个诚实、守信的孩子。

因为痛过，所以我才会铭记这次挨打的经历。

我们班的"拔牙"事件

六年级　戴夏冬莹

升入六年级，我们就成了毕业班的学生，为升学而奔波，过着"睡得比猫头鹰还晚，起得比鸡还早"的生活，而造成这个状况的罪魁祸首则是——奥数。

"我站在铁索桥上……"我走进书声琅琅的教室，放下书包准备早读。咦，今天同桌怎么没来？大概是生病了吧，这个天气，忽冷忽热的，真叫人头疼。下午，同桌来上课了，看上去并没有生病，他眼睛里透着兴奋的光芒，正和前面的同学讨论着关于升学的事。

"嘿，你今天上午怎么没来？"

"哦，我拔牙去了。"

第二天，同桌又没有来上课，我想恐怕是其他牙也出了问题，就没太在意。哈哈！他的座位还可以用来给我放书包呢！

可是，连续一周他不是上午不来就是下午不来，居然每次都是去"拔牙"。

一天，我终于忍不住又问："你拔了那么多牙，现在嘴里还剩几颗牙呀？"

"哼，我的牙拔了又长，长了又拔，你管不着！"

一听这话，我料到他肯定是在骗人！我开始对他的"拔牙"表示怀疑。

一天下午，他又去"拔牙"了，我漫不经心地嘟囔："拔牙拔牙，他有多少牙可以拔？"

"你不知道吗？他其实没有拔牙，是以拔牙为借口请假上奥数课！"前排的同学听了我的自言自语，凑过来说。

啊，上奥数？怪不得他那么遮遮掩掩的，每次都说去拔牙，给我们一个令人怀疑的理由。

之后，每天都有几个同学以"拔牙"为借口不来上课而去上奥数，科任老师一上课就感叹："怎么缺了这么多人？"不知情的同学说"拔牙去了"，知情的则说"上奥数去了"。

唉，奥数呀奥数，你什么时候才能不成为升学的门槛，而回归成提升我们思维的一门兴趣课呢？如果再这样下去，我也得去"拔牙"了！

你更喜欢哪一篇？难以取舍吧。

首先，我们来分析一下，好作文的核心元素是什么。这是我们必须先弄清楚的问题。就像我们要做一个企业，得先知道优秀企业的必备条件是什么，然后再朝着这个方向努力。对于很多非文学专业出身的爸爸妈妈，我们可以不会写，但至少要会品鉴，要明白什么是值得赞赏的作文，有了一个参照，我们才能按照这样的方向全方位地实施生活中的习作辅导。

说到好作文，我们可以有很多的标准：题目新颖、细节饱满、善用修辞、结构合理、条理清晰、金开头、银结尾、情感丰富、设置悬念、中心明确……好作文都有它们相似或独特的好。在这里，我们不妨删繁就简，做一个提炼，其实好作文的核心元素，无外乎这三点：新鲜的选材、流畅的表达（当然也就包括生动的细节）、独到的见解。只要具备这样的元素，就能打动人。

大家不妨对照着这几点来看看上面两篇习作。

应该说，这两篇习作都写得不错。《挨打》是一个五年级男生写的。他把一次挨打的经历生动地再现出来，尤其在刻画母亲的神情、语气时，写出了一级一级的变化，细节饱满而生动，对这么小的孩子来讲，实在难能可贵。更难得的是，他把妈妈的神态、动作以及自己的反应自然地糅合在一起，画面感很强，看得出来，小作者有很厉害的文字驾驭能力。

《我们班的"拔牙"事件》是一个六年级女生写的。和《挨打》一样，也是我在课堂上指导的一篇作文，当时我让孩子们写写毕业班的故事，大多数孩子都写择校压力大、作业多，但是小作者另辟蹊径，以幽默的文笔写了班上同学打着拔牙的旗号去补奥数的事，而老师也是睁一只眼闭一只眼。不一样的选材，是这篇文章的亮点，结尾的主题升华，更是看出孩子独到的见解，整篇文章一下子立了起来。

这两篇作文也许稚嫩，并不是最优秀的，就是两个普通孩子在老师指点下现场写作的文字，正因如此，才被选择来做文本分析，因为真实可信，很具代表性。对照着好作文的几个核心元素，无论从选材、表达还是见解来看，我们都不难发现其中不少闪光处，符合孩子的年龄特征，就是值得点赞的习作。

你再看看这样一篇作文——

节日的夜晚

节日的夜晚灯火辉煌，各族人民欢聚一堂仰望着节日的礼花，人人心花怒放。十月一日，体育馆放起了礼花。礼花是用炮打出去的，放得又高又大，全市人民都能看见。

八点，空中出现了红色的闪光，那是信号灯。礼花马上要放了。我站在五楼的阳台上，目不转睛地望着天空，夜色笼罩着大地，天空上没有星星，也没有月亮。信号灯亮了，随着一声炮响，一朵"金菊"腾空而起。紧接着，炮声隆隆，打破了宁静的夜。礼花在空中散开，照亮了半边天。啊！多么壮观啊！瞧，那"仙女散花"把一朵朵婀娜多姿的"花"撒下来，红的、黄的、金的、紫的、白的，五光十色，无比美丽。那"双龙戏珠"犹如两条彩龙戏着一颗宝珠，闪烁金光，徐徐而落。那金色的"牡丹"在天空开放，像一朵朵鲜艳的花朵闪烁着金色的光芒。

最引人注目的还是那"利箭"。听，一阵炮响，看，从夜幕中窜出一支支小红箭，一排排整齐地向下降，排成"八"字形，像雁队，也像小鱼，美妙极了。

一个个礼花腾空而起，从天而降，天空一会儿红，一会儿绿，一会儿金白相配，一会儿银黑相交。我看得眼花缭乱。这样的奇观，真使人心旷神怡。

礼花啊，你打扮了节日的夜晚，你描绘了未来的壮景。

相比之下，这篇作文就显得有些"假大空"。选材很普通，视角也不独特，缺少真正传神的细节。也许它符合了那位奶奶的审美标准——中心明确，条理清楚。但不得不说，这篇少了童趣的作文，带着一股匠气，很难打动人。

实不相瞒，这篇作文的作者，是 30 多年前的我。

当时，老师给这篇作文打了很高的分数。在这样的评判标准下，我和我的同龄人写出来的作文大多都是这个水准。所以，家长和老师的评判尺度非常重要，这决定着孩子写作的审美取向。

写作是一种表达的力量，但现在很多孩子身上都缺少这种力量。不会选材、语言贫乏、结构雷同，别说文学性了，就连基本的表述都不流畅。家长着急，买了一大摞谈写作技巧的书让孩子啃；老师着急，布置了一大堆日记、周记让孩子练笔。可孩子作文的起色并不大，有的甚至一提笔就犯怵。

问题出在哪里？

——训练的方法、路径！

见招拆招，在后面的篇章，我将围绕着核心三元素，从选材、表达、立意以及外围的相关训练来告诉父母一些行之有效的指导方法。

苹果老师的叮咛

🍎 要调到孩子的频道。如果什么都以成人世界的标准来判断孩子的行为，那就太委屈孩子了。同样的道理放在习作上，我们要站在孩子的角度，用孩子的眼光来看待他的表达和心情，这样才能和文字背后的生命产生共振。因为真正的好作文，珍藏着孩子各自私密永恒的生命印记。

🍎 鼓励孩子写真实的事件，表达真实的情感。

🍎 新鲜的选材、流畅的表达、独到的见解是好作文的核心元素。

贰 多方"预谋",把成就感还给孩子
——兴趣是无穷的动力

 家长最想知道

- 孩子把写作当作苦差事,怎样才能培养孩子的写作兴趣?
- 我知道要多表扬孩子,但该怎么表扬才能起到鼓励作用?

我为什么不喜欢下象棋,因为从来没有赢过;我为什么不喜欢打乒乓,因为总接不了球。挫败感是兴趣最大的敌人,谁也不愿总是处于劣势,那多没劲儿啊。

朋友的女儿小佩,打小就喜欢写作,从小到大发表了多篇习作,初二时写的高考作文就被登在了报纸上。我请朋友传授培养秘诀,这位妈妈笑着说,哪有什么秘诀,还不是夸出来的。我细细一问,才知道孩子一直享受着作文带给她的荣耀。小学时,每篇作文都被老师当作范文读给全班同学听。上了中学,她也因为写作的特长,被选进学生会宣传部,班里的重大活动,策划稿、串词都请她来写,就连校运会开幕式的学生代表发言,也让体育并不出色的她来做。一次次的赞赏与鼓励,让小佩收获了写作的自信与快乐。

有的父母也许会说，我的孩子写作不好，怎么鼓励他，我总不能说假话吧？

鼓励最忌假话空话，即使是很小的孩子，也能听出你的言不由衷。这样的鼓励起不到任何作用。赞扬要发自内心，作为父母，要用欣赏的眼光看待孩子的作文，才能发出由衷的赞美。对于那些挑剔的父母，一定要树立这样的观念：文章是才情的累积，没有高下，透过这些表达，孩子在张扬他们的生命个性。父母要保持文学的直觉，与孩子的生命共振。有了这个前提，我们就好办了。

 1. 发现亮点，有针对性地赞美

作文刚起步的孩子，我们不能"高标准严要求"，什么选材要独特啦，文笔要流畅啦，条理要清晰啦，倘若严格按照好作文的标准，恐怕你很难看到一篇令人满意的习作。"鸡蛋里挑骨头"，是说人的挑剔，如果把这个骨头看作是作文的某个亮点，就真的需要家长带着爱去发现了。再糟糕的习作，都能挑出优点，一个很准确的词语、一句漂亮的比喻、真实的表达、特别的结构，等等。表扬不能带半点敷衍，要指出具体值得表扬的地方，比如："'迫不及待'这个词用得很好，写出了你着急的心情。""你居然把太阳比作红色的闹钟，催促着人们去工作，这个比喻很新鲜，你太有创意了！""这篇文章虽然写得不够长，但非常真实，'总—分—总'的结构也很好，如果把中间那段扩充一下，就更完美啦！"……有针对性地赞美，能使孩子信服，并且可以强化他在这一方面的优势。

有些孩子作文基础弱，写出来的作文自己都觉得见不得人，够难过的了，父母就不能再雪上加霜。孩子需要的是帮助而非指责。有条件的家长，可以试着帮孩子改改，有时候仅仅是改动一两个词句，他的作文就会"焕然一新"。

作为一名写作老师，什么样的作文我都见过。遇到精彩的，不禁拍案

叫绝；遇到糟糕的，偶尔也难以控制情绪。但老师的这一支判官笔啊，不能太率性，落笔要慎重。有时一个大红叉，一句激烈的评语，就可能使孩子永远失去写作的自信。

睿睿是我的学生，读五年级了，起步晚，领悟能力也相对较差，写作水平还比不上三年级的孩子。一提写作，孩子就满脸愁容。对这样的孩子，我一直小心呵护着他的写作信心。

有一次，睿睿写了一篇《我和小曾》的作文。说实话，拿到这篇文章，面对一堆错字和错误的标点，表达重复，用语平淡，我真有点抓狂。

这是睿睿的原稿——

我和小曾

在四年前，小曾她是我们的同学，后来，又因为她家离学校太远了，又转学了。她的个子很矮，但是，她说英语可以和高一的一起上课，还可以和老外直接对话。

有一天，我到她们家去玩，我们就在花园里玩，我和她一起走过一个秘密通道，我们又去了另一个花园里。当里，那里正在修房子，然后，我们就说："物管来了！"说了后我们就一起躲在一个地方，看见修房子的工人都跑出来迎接物管，结果，她们一看，物管来都没来，然后，修房子的工人们破口大骂，而我和小曾在一旁偷偷的笑了。然后，我们又去了游泳池，那里面没有水，我们又跳下去玩，突然，小曾说："物管来了！"于是，我被吓死了，我立刻就爬了上来，我发现物管没有来，我就很生气，说："你不要在吓我了吗。"

又有一次，我在河道上玩，我们俩又一起讲故事，鬼故事，一人讲一个，吓的我们都不敢在黑的地方躲了。

若是从前，面对这么一篇让我味同嚼蜡的习作，心情烦躁的我可能直接批个"重写"二字，扔在一边再也不愿多看一眼。但一想到睿睿小心翼翼的样子，我真的不想让他受伤。同时，我也在思考一个问题，孩子的作文到底有多不堪，让我们全盘否定？能否找到一些亮点，尽量在原文上做修改，化"腐朽"为"神奇"？

于是，我静下心来，做了一次耐心的尝试。

这是我的修改稿——

我和小曾

在四年前，小曾她是我们的同学，后来，又因为她家离学校太远了，又转学了。她的个子很矮，但是，她说英语可以和高一的一起上课，还可以和老外直接对话。（不过，我们一直有联系，还常在一起玩。）

有一天，我到她们家去玩，我们就在花园里玩，我和她一起走过一个秘密通道，我们又去了另一个花园。当里，那里正在修房子，然后，我们就说："物管来了！"说了后我们就一起躲在一个地方，看见修房子的工人都跑出来迎接物管，结果，她们一看，物管来都没来，然后，修房子的工人们破口大骂，而我和小曾在一旁偷偷的笑了。然后，我们又去了游泳池，那里面没有水，我们又跳下去玩，突然，小曾说："物管来了！"于是，我被吓死了，我立刻就爬了上来，我发现物管没有来，我就很生气，说："你不要在吓我了吗。"

又有一次，我在河道上玩，我们俩又一起

（批注：
- 来到
- 她
- 然突发奇想，吼了一声
- 发现上当
- 却
- 地 完全无视旁边的警示。
- 后来 就
- 溜到一旁的树丛躲起来。等了好一会儿， 得 才知道上了小曾的当，再
- 嘛！
- 在
- 小曾呢，却在一旁幸灾乐祸地笑啊笑。）

最后讲故事，鬼故事，一人讲一个，吓的我们都不得敢在黑的地方躲了。

我和小曾还有很多有趣的故事，伴随着这些趣事、糗事，我们一起慢慢长大了……

修改以后的作文——

我和小曾

四年前，小曾是我的同学，后来，因为她家离学校太远了，她转学了。不过，我们一直有联系，还常在一起玩。

有一天，我到她家去玩。我们来到花园里玩，我和她一起走过一个秘密通道，又去了另一个花园。那里正在修房子，我们突发奇想，吼了一声："物管来了！"然后我们就躲在一个地方，看见修房子的工人都跑出来迎接物管，结果一看，物管没来。发现上当的工人们破口大骂，而我和小曾却在一旁偷偷地笑了。

后来，我们又去了游泳池，那里面没有水，我们就跳下去玩，完全无视旁边的警示。突然，小曾说："物管来了！"我吓得立刻爬了上来，溜到一旁的树丛躲起来。等了好一会儿，我发现物管没有来，才知道上了小曾的当，我很生气，说："你不要再吓我了嘛！"小曾呢，却在一边幸灾乐祸地笑啊笑。

又有一次，我们俩在一起讲鬼故事，一人讲一个，最后吓得我们都不敢在黑的地方躲了。

我和小曾还有很多有趣的故事，伴随着这些趣事、糗事，我们一起慢慢长大了……

这么一改，没伤筋动骨，只是把语句改通顺了，加了个结尾，整篇文章便娓娓道来，写出了小作者的童年回忆，伴着轻音乐朗读，还真有点大家散文的风范呢！

我特别感谢女儿的启蒙老师。对于孩子的作文，她从不吝惜赞美："涵儿的描写功力超凡，你的文章中常常有着令人叹为观止的优美词句。""涵儿，不愧是写作高手。与众不同的作文总会诞生于你的小手。作家就是这样长成的！""好选材！文章清新脱俗，风格别致，好！"尤其是一、二年级时，尽管女儿的作文写得非常稚嫩，却得到老师的许多鼓励，得分不是100分，而是1000分，5000分，还盖着"日记大王""写作高手"等各样印章。老师的赏识给了女儿莫大的鼓励，每周她都盼着写周末日记，就连我们家长也盼着看老师的批语呢。

我曾经在一本书里看到过美国老师的一种做法——对低年级孩子作文上满篇的错字错句不要圈出来。家长可以借鉴。他们的理念是，孩子的注意力和精力就那么一点点，顾了这个就不能顾那个。而当务之急，是鼓励孩子用文字表达自己。错字早晚能纠正，不能为此打消孩子的表达兴趣和勇气。

2. 寻找发表的平台

每个孩子都盼望自己的作品能印成铅字，发表在报刊杂志上。父母发现孩子有好的习作，应该积极帮孩子投稿。现在有很多杂志都为孩子的习作提供了发表的平台，比如《创新作文》《作文素材》《故事作文》等杂志上面都印有投稿地址，也接受电子邮件投稿，比以前方便多了。

当然，发表平台远远不止上面一种。班级朗诵、校报、班级期刊、作文园地都能给孩子展示的机会。这里，我还想分享几种父母能掌控的发表平台。

网络平台

为孩子开设博客甚至建立他的专属公众号，把孩子的好作文放在网络平台上面。如果刚开始关注的人不够多，可以私下拜托亲人、朋友，或者孩子最喜欢的老师去访问并留言。然后让孩子读读这些留言，他会有不一样的感觉。

这是女儿的博客《奶奶的瓜子仁》后面的跟帖——

1楼　评论时间：2011-04-08　10：25：23

草田：涵儿进步真大，关键是这孩子已经学会感恩，这点很值得表扬啊！

2楼　评论时间：2011-04-08　23：09：55

酥酥糖：天，写得太好了吧，连我都嫉妒了！

3楼　评论时间：2011-04-08　23：11：38

酥酥糖："一股特殊的油香味儿引得口水爆发出来。"我喜欢这一句，满满的童真。

4楼　评论时间：2011-04-12　23：05：59

昱：有点天才小作家的文笔哟……这孩子，心中有爱，才会感到爱！

5楼　评论时间：2011-04-13　22：25：02

虫虫：后生可畏，期待更多佳作！

6楼　评论时间：2011-05-05　05：45：19

瓢虫：好乖的孩子，在爱里成长，也懂得爱人。

7楼　评论时间：2011-07-04　17：41：20

月舞清影：喜欢这句："那颜色犹如雨后的泥泞路。"有灵气！

我至今都能记得孩子读完留言后的幸福笑容。

现在，很多人习惯使用微信，孩子的好文章可以放在微信朋友圈里，大家阅读、跟帖更方便。其实每个人都很在意别人的反馈，即使孩子大了，不在身边，她也需要持续性的鼓励。我每次都会把大家对女儿文章的点赞和留言截屏给她看，她都很开心。

家庭朗诵会

收集孩子的诗歌、作文，开一次朗诵品鉴会。邀请家里的老人或者他的三两个朋友来参加。最好能配乐，这是很好的一个平台。或者为孩子拍摄朗诵的视频,放在网上与好友分享。爸爸妈妈还可以和孩子分角色朗诵他的佳作,他会感到无限的荣耀。

鼓励原创,展示原创

有一次,女儿要参加艺术人才大赛的语言表演类比赛。这是她第一次参赛,之前也没有专门培训过。我对女儿说,论表演基本功,你肯定不如那些上过专业培训班的孩子;论音色,你也不是最好的。要想成功,我们必须有自己的特色,我估计其他参赛者都是朗诵那些大师的作品,这次我们不如用自己的作品来表演,评委看在原创的分上也会加些印象分吧。女儿同意了,我们找了一篇比较适合表演的作文《我看到了上帝》,角色很分明,服务员的耐心和善,那位顾客的飞扬跋扈,都比较容易表现,平时只会说普通话的女儿还特别练习了那位顾客说的一句四川话:"我是顾客,我是上帝!"把我们逗得哈哈大笑。经过一段时间的训练,女儿在这次的比赛中荣获了一等奖。我想,这主要应该归功于那句开场白吧:"我要朗诵自己创作的一篇文章……"

3. 带着孩子去参赛

孩子从小到大,总会遇到不少参赛的机会。是否要把握机会,很大程度取决于父母的态度。我以为,让孩子参与一些适宜的赛事,是成长当中必不可少的经历和营养剂。对于参赛,父母不要以自己的眼光和心态来对待,更不要看破红尘,心如止水,无为而治。

什么样的赛事应该让孩子积极参与呢?首选孩子有一定竞争实力、比较擅长的项目,这样获胜的几率会大些。孩子的每一次胜利都会给予他无限的荣耀和自信。即使失败,也可以让他在比赛中检测自己的真实水平,找到差距和新的突破口。再则,如果你想培养孩子某方面的能力,比如想要锻炼孩子的胆量,或者想让孩子积累丰富的竞赛经验,也可以选择相应的赛事。

当然，不是所有的比赛都适合孩子参加。比如，孩子最弱的项目，让其参赛就是以卵击石，他的信心会受很大的打击。还有，因为时间关系无法去充分准备的赛事或者赛制不公正有暗箱操作的嫌疑，甚至只要参赛就有奖的那些比赛都要尽力回避，否则会让孩子产生不劳而获、投机取巧的不良心态。

从女儿上幼儿园起，我就带着孩子参加了大大小小不少的赛事。美术、表演、棋类，每一次比赛，对孩子来说都是一次极好的锻炼机会。

在这些比赛中，女儿参与最多、获奖最多的就是作文比赛了。女儿从三年级开始接受系统的写作培训。由于阅读量大、想象力丰富、文笔较为流畅，她很快就在班里崭露头角。我自然就开始张罗她的作文参赛事宜了。现在国内的作文大赛很多，鱼龙混杂。有不少是带有商业目的的，只要参赛就能获奖。要么发邀请函请你到什么地方参加全国决赛顺便旅游一次，参赛费用不菲。要么结集成册，你的作文被选登了，就要支付高额的"发表费"。当然也有非常正规权威的比赛，像新概念作文大赛，的确发掘了不少具有写作天赋的孩子。家长在选择赛事前，要了解大赛的主办单位是否权威，比赛要求是否严格，获奖比例是否合理，评委水平是否专业。

全国中小学生创新作文大赛是目前国内比较权威的作文赛事之一，是由《课堂内外》杂志社、北京大学中文系和北京大学语文教育研究所联合主办。大赛分为初赛、复赛和决赛，小学、初中和高中的孩子都可以参加自己组别的竞赛。高中组的同学在全国总决赛中获得二等奖及以上奖项，还享有国内几十所知名高校自主招生测试推荐资格。因为大赛的一个特点是"为文学特长生报考名牌大学提供绿色通道"，所以高中生参赛特别积极。

但要站在这个大赛的最高领奖台并不容易。以 2012 年小学组为例，全国近百万的学生参加了初赛，各省赛点只有一百名选手晋级省级决赛，最后只有获得省级特等奖和一等奖的共 11 位优胜者才有资格晋级全国总决赛。而最后在北大举行的总决赛，小学组的两百位选手中只产生一个特等奖和十个一等奖。女儿参加了三次比赛，都止步于省级决赛，她一度有些沮丧。

2010年，我让女儿作为旁听生参与了第五届全国中小学生创新作文大赛总决赛。除了没有参与正式的比赛，她全程参与了大赛组织的各种活动和文学讲座，其中孔庆东教授的讲座给她留下了深刻的印象。通过和来自全国各地的写作高手交流，她获益匪浅，颁奖仪式上特等奖获得者的荣耀和笑容更是激起了她无限的向往。回来后，她下定决心继续参赛，每年大赛一开始报名，她总是最积极的一个。2012年，女儿终于晋级总决赛，并以出色的文笔打动评委，最终获得全国总决赛的一等奖。看着站在领奖台上的女儿，我由衷地为她高兴。在她所有的作文比赛获奖证书中，这张奖状的含金量是最高的。这次大赛，更使女儿信心大增，她对写作更加热爱了。

作为家长，带着孩子参赛，需要做好赛前和赛后的细致工作。由于孩子年龄还小，了解赛制、制定训练方案、安排培训时间更需要家长多费心。家长对孩子参赛要有平常心，对结果不要太计较，目的只有一个，让孩子参与和体验。参赛前，要化解孩子的一部分压力。为什么说是一部分呢？因为完全没有压力也不行。既要告知孩子获奖的光荣，让其珍惜机会，认真参与，又要让孩子放松心情，不要背包袱，告诉他们过程比结果更重要。

赛后同样需要家长的心理干预。孩子获奖了，要高调地传递好消息，亲朋好友的回应和认可会让孩子沉浸在巨大的成功喜悦中。高兴之余，也要和孩子分析获胜的原因，看看还有什么差距，确立新的目标。

如果比赛失利，孩子的反应不一样，有的无所谓，有的会伤心消沉一阵。家长应根据孩子的反应做出及时的心理辅导，消沉的，要帮助其分析形势和失败原因，多加鼓励，带他走出失败阴影。无所谓的，要看是真的无所谓还是用无所谓来掩饰，然后再根据情况进行谈话辅导。总的原则就是以鼓励为主,让孩子不要以此来否定自己,更不要放弃努力。

女儿这几年,大大小小的赛事参加了不少,收获颇丰。五年级竞选"区三好",她高票当选,我想,厚厚的一摞奖状应该给她加了不少分。但我们清楚,比这些奖状更珍贵的,是让孩子收获了对自我的认可和难忘的一次次人生经历。

4. 让孩子感受表达的舒畅

写作是一种书面表达方式,和说话一样,每个人都喜欢说实话,说出内心真实的想法,自我表白是为了引起别人的共鸣,是为了交流。叶圣陶老人说:"如果既不是表白,又无关感兴,那就不必鼓动唇舌了。"

关于要写出诚实的、自己的话,叶老还提出了一个"求诚"的写作概念。他说:"既然要写自己的东西,就会连带地要求所写的必须是美好的:假若有所表白,这当是有关人间事情的,则必须合于事理的真际,切乎生活的实况;假若有所感兴,这当是不倾吐不舒快的,则必须本于内心的郁积,发乎情性的自然。这种要求可以称为'求诚'。"

孩子为什么不喜欢写作文,是因为他们写的是假话。孩子为什么要写假话,是因为一些老师和家长喜欢看假话作文。

这并不奇怪。

当孩子诚实地写出他讨厌某个科目的老师的时候,老师会给他一个很低的分数,说"立意不高"。当孩子如实地写出春天有很多落叶的时候,老师会批评孩子抓不住春天的重点,观察不仔细。我在第一章讲到女儿写的"微波炉事件"中的香味道,不也差点干涉了女儿的真实表达吗?

一次次的受限,一次次的低分打击,孩子开始学会取悦老师,开始隐藏内心的真实想法。可是,当一个人的表达戴上了镣铐,受到了束缚的时候,写作就违背了其"抒发""表情达意"的基本原则。谁愿意写假话、空话？慢慢地，孩子失去了写作的兴趣，仅仅是把它看作一项作业来完成罢了。

所以，要想唤醒孩子的写作兴趣，还得让他体会到表达的畅快，恢复写作最初的功能。

孩子写什么，我们不要过多干涉，更不能带着自己的主观意识来妄加评判，只要是真实的，我们就该给予鼓励。记得有一次，我让孩子们写了一篇作文《秘密》。有位女生因为喜欢上了班里的一位男生，脑子里总想着怎么接近这个男孩，上课听不进老师讲的是什么，作业也没心思做了。她知道这样不对，但难以自拔。孩子在作文里敞开了心扉，我很感动。读孩子的文章，就是在读她的心。我给她的作文打了很高的分数，原因就是"真实"。同时，我也私下和她聊了聊。一方面，指出这篇作文在结构上的不足；另一方面，听听孩子的想法。我们无须当个教育者，孩子在抒发的过程中就排解了大部分的情绪，她慢慢就找到了自我调整的方法。

古往今来，多少脍炙人口的佳作都是触景生情、有感而发，带有作者生命印记的作品深深地打动了读者。《枫桥夜泊》的愁绪、《将进酒》的豪情、《赤壁赋》的怀古、《虞美人》的悲戚，作者内心的喜怒哀愁赋予了作品恒久的生命。写这样的文字，无须人强迫，自己都觉得畅快。

家长要让孩子感受到这种抒发的畅快。

女儿刚开始写日记的时候，极不情愿，完全是当成一种任务。一次，她回家气呼呼地要给我讲同学欺负她的事情，我当时正要出门办事，就建议她把这件事写在日记里面，想怎么写就怎么写，骂几句都无妨。女儿真的写了一篇自封为"泼妇体"的日记，淋漓尽致地抒发了对那位男生的不满。我抓紧时机点拨她，其实作文就是一种表达和排解，古人说借酒浇愁，咱们不喝酒，可以借文泄愤，女儿被逗得哈哈大笑。这以后，她开始把日记当成自己的另一个好朋友，有什么心里话都写在上面，再也不是应付交差的态度了。

女儿日记里的一封信——

寄居蟹女士：

你好！你可能认识我，记忆中有我吧！因为你曾经在我的手上舒舒服服地趴了一上午。你现在好吗？有没有换新家？我觉得你很有品位，你的家是那么美丽。你用白色的油漆把家涂成了一个小小的雪世界；你用小珊瑚做榔头，把家装饰成了一朵白云的形状；你用太阳做窗子，让阳光永远照着你的小小身躯。总之，你的家就是一个海边天堂。希望你的下一个家会更加漂亮优雅！

人类朋友：涵儿

2011 年 8 月 11 日

（备注：这是女儿在马尔代夫旅游时写的一篇习作，她和爸爸捉了几只寄居蟹，玩了一整天，第二天临走时才放走。）

鼓励孩子们写真实的话，让他们不再缩手缩脚，张扬个体生命，他们会有意想不到的表现。

学生习作：

一堂令人尴尬的公开课

五年级　顾思凯

明媚的春光照在教室里，我静静地趴在桌子上。"丁零零……"上课了，这是一节音乐公开课。听到铃声后，同学们陆陆续续进了教室，而我也懒懒散散地坐直了身子。

公开课，顾名思义是展现给别人看的课。想到这儿，我坐得端正了些。装面子也要装得像嘛！

张老师满面春光地走了进来，把准备好的资料往桌上一放，就向大家介绍今天的教学内容:"今天我们来学习《铃儿响叮当》这首耳熟能详的歌。你们能用一些词来描绘一下刚刚过去的冬天吗?"张老师声情并茂,边说还边做一些手势。

半晌后,终于有一只迟疑多时的手举了起来,是东林,张老师毫不犹豫地请了他,他哆哆嗦嗦地站了起来。我的心也提到了嗓子眼儿,生怕平时这个"闷蛋儿"一紧张说不出话来。过了好一会儿,他吞吞吐吐挤出了"寒风刺骨"这四个字。张老师笑着说他说得不错,同学们这才松了一口气。

这时,老师又发话了:"冬天有一个盛大节日——圣诞节,谁能描绘一下那天的情景?"同学们呆呆地望着张老师,无人应答。这时,老师拿出了一顶圣诞帽戴在头上,摆弄了一下头上的小圆球,逗得大家哈哈大笑。课堂气氛仿佛活跃了一些,可一提问,还是没有人回答。看氛围越来越差了,张老师只好抽人回答。他抽到了我们班的小才女小欣,可小欣居然表现失常,站在那里,半天都说不出来话,同学们都替她捏了一把汗,我的心也绷得紧紧的,我真是为她着急,心里暗暗想:"快说呀!今天都怎么了?"这时她才结结巴巴说出了几个字来。后面听课的老师中传来低低的私语。

张老师的问题接二连三地又来了:"这是一首欢快的歌曲,谁能用口琴来演奏?"我的心跳突然加速,血液循环特别快,口琴,这是我的强项,但杨帆应该比我更行呀,他在干什么?我转头一看,他正埋头熟读曲谱,一脸僵硬,完全没有往日的风采。没人自愿吹奏,教室里静得连呼吸声都听得清清楚楚,没办法,张老师只好又抽人。抽到了杨帆,他猛地一下站了起来,吹得断断续续,像小欣一样,发挥失常。

这节课怎么还不结束?时间仿佛停止了。

学完了这一首歌后,我们终于听到了盼望已久的铃声。张老师哭笑不得,灰溜溜地走了。一堂令人尴尬的公开课就这样结束了。

放在以前，这篇显得有些灰色的习作一定得不了高分。揶揄老师、揭老师的短似乎是学生选材的禁区。但谁都看得出来这篇习作的真实，公开课的虚假，老师费力的表演，孩子的紧张压抑，都描写得很到位。可以说，真实，使这篇文章出彩！

因此，让孩子在作文中说真话，需要父母和老师的宽容和鼓励。

除了让孩子写自己想写的话，还要让他们感受写作是一件好玩的事，小一点儿的孩子，可以让他们编童话，大一点儿的孩子可以写想象文，当吹牛大王，当编剧，还可以写有趣的诗歌。

学生习作：

动物绝对不应该穿衣服

三年级　刘昕雨

动物绝对不应该穿衣服

一只蜘蛛

穿上裤子

怎么吐丝

动物绝对不应该穿衣服

一只夜莺

戴上口罩

再也唱不出美妙的歌

动物绝对不应该穿衣服

一只调皮的猴子

戴上手套

就不会爬树

颠倒诗

五年级　陈琦琪

怪事多，怪事多，
天下怪事真是多。
地下看见羊追狼，
天上看见鸟追鹰。

怪事多，怪事多，
天下怪事真是多。
城里富人变乞丐，
大米进城卖农民。

一二三四五六七，
七六五四三二一。
苍蝇身长五尺五，
奶牛身高一尺一。

天下怪事真是多，
爷爷要出嫁，
奶奶要娶妻，
爸爸睡在摇篮里。

月亮的孩子

四年级　黄晓偲

月亮圆圆的，

它怀了宝宝。

可是，

月亮宝宝刚出生，

它就摔了一跤——

成了碎片。

于是，

太阳爸爸给它取名为——

星星。

同时，还可以让孩子体会写作的价值。在这里分享一篇《用文字打败时间》，我曾把这篇文章读给女儿听，让她感受文字穿越时间、流传千古的魅力。

用文字打败时间

我终于拜谒了著名的玉门关。

在无尽的戈壁滩上，矗立的玉门关残迹显得雄伟、苍凉而孤独。夕阳斜照，眼前的景象足以引发我们的千古追思。我对当年被发配边关或戍守西域的古人，充满同情。在那个时代，岂止是春风不度，回眸望断故乡路，距离让人连死的心都有了。

导游说，多看一会儿吧，风吹日晒，也不知道这断壁残垣还能站立多久。头天在莫高窟也听到过类似的话语。讲解员指着那些日渐褪色的精美壁画，风化严重的石雕佛像，告诉我们这一切正在慢慢消失。

岁月无情。

我想到了柬埔寨的崩密列，乱石崩塌，整座寺庙几乎被丛林吞噬，你只有通过倒塌的门楣上精美绝伦的石雕，还有长满青苔的仙女石像可以窥出昔日的辉煌。巨大的树根残忍地清扫着人类的文明。雨后的空气中弥漫着历史的孤寂和凄苦。每一个来到这里的人都惊呆了，只能用"震撼"来形容当时的心情。神在启示我们什么？再辉煌的王朝也会覆灭，再坚韧的石头也会崩塌，即便是顽强的树木，终有死亡的一天，那么，什么是最绵长无惧的呢？

时间，唯有时间。

还有比时间更厉害的吗？

有！

在玉门关的一侧，我找到了足以与时间抗衡的东西。

那里立着一块石碑，上面雕刻着王昌龄的诗句："羌笛何须怨杨柳，春风不度玉门关。"

玉门关终有一天会彻底崩塌，但这句诗，千古流传。

写下即永恒。

《赤壁赋》，不让三国往事淹没在历史的烟尘中；《道德经》，为我们保存了解读远古智慧的钥匙；《本草纲目》，让千年的验方惠及后世；《世说新语》，让魏晋风度浸润了一代代文人的情怀。

文字，可以打败时间！

这次在北大，小学组两百多位参赛选手用他们的笔记录了童年的一件件趣事。子涵同学也是其中的一位。她写的是"四脚爬"。四年级时，迷恋动物的她带着班里的同学学着狼的姿势在校园里满地爬，成为学校的一道景观。为了这事儿，她没少挨骂。两年过去了，如今快十二岁的她已经长成亭亭玉立的大女孩儿，让她再"四脚爬"，自己都觉得难为情。但是，她用文字记录了那段往昔，童年的无邪和趣味就凝固在了这样一篇作文中，被永远保存下来了。

著名作家宗璞说：写小说，不然对不起沸腾过的历史；写散文，不然对不起流淌在胸中的万般感受；写童话，不然对不起眼前光怪陆离的幻象；写短诗，不然对不起耳畔琤琮变化的音符。我写，因为我有；我写，因为我爱。

你爱写作吗？

你愿意记录这些精彩瞬间，让它们永远保存下来吗？

无论你是十岁还是二十岁、三十岁，写作的习惯会让你生命的印记更加清晰，你无须感慨时光飞逝，因为过往都存留在了你的文字里，当你许多年后翻看这些文字时，你会重温往日的喜乐，检视自己的足迹，智慧在回望中倍增。

有人说，写作不一定要成为你未来的职业，或者让你过分热爱，但是她一定可以改变你的气场。如果你是写作的植物，你的叶片与经脉会有着与众不同的芬芳。

这芬芳来自书卷气，来自精神的富有。

曹文轩也说过，如果你想成为一个完美、完善、完整的人，你应该知道，写作能力是一种最基本的能力。一个人能写好文章，是一种美德。

我深以为然，我更想说，如果让写作和阅读成为生命中的一部分，这样的生命会妙不可言。

家庭教育案例分享

来自雯文妈妈的分享

我第一次发现雯文对写作有兴趣是在她小学四年级,学校组织的一次军训前夕。雯文发高烧,我不得已请假让她留在家里休息。没想到她利用三天休息时间,写下了两篇共计12000多字的小说——《雪豹的秘密》和《狼啊狼》。我捧着她字迹稚嫩的手稿仔细阅读,虽然有模仿沈石溪老师动物小说的痕迹,但是很明显也是自己的创作。大的逻辑关系合情合理,故事情节也比较生动,文字的运用也算优美。雯文毕竟只是一个四年级的孩子,她对文学的创作热情使我惊喜。

我把《狼啊狼》和《雪豹的秘密》发给了雯文在"苹果树下"写作班的鱼儿老师,她对这两篇小说进行了指导,雯文也很开心地修改完善了这两篇小说。当时四川省青少年作协举办了一场讲座,邀请了四川大学文学院的曹教授、省作协的曹纪祖副主席给大家授课,我带雯文去参加。参加完以后知道可以向青少年作协投稿,于是我就把雯文这两篇小说都投了过去,没想到两篇小说都得到了用稿通知书。《雪豹的秘密》发表在四川校园文学网上面,《狼啊狼》也被收录在茅盾文学奖评委何开四先生作序的《当代作家文库——青少年作家精选》一书中。雯文也因此获得了人生中第一笔稿费。

雯文小时候有个特点,就是非常喜欢听我讲故事。上幼儿园时,还不认识字的她要求我把一本书反复读给她听。最后她能在不认字的情况下把一整本书的故事背下来，而且基本一字不差。我意识到雯文非常喜欢阅读，在她上小学会识字后，给她买了大量的儿童文学作品。我自己非常喜欢诗词，所以也利用空闲的时间教她背诵，还经常和她一起大声地念诵一些优美散文。我自己也把买给雯文的书抽时间阅读，然后跟她讨论和交流，有些话题非常有趣。比如我记得有一部名叫《雄狮去流浪》的小说，其中描绘了五只小雄狮从狮群里被驱逐出来，然后历经坎坷，只有一只小狮子存活下来成为狮子王的故事。我就跟她讨论五只小雄狮的性格、它们处理问题的方法，以及为什么那四只小狮子会在大自然的竞争中被淘汰，而最后那只能够成功。我们还讨论了关于写作的话题，如果是雯文来写又会是什么情节，如果是我来写我又想怎么写。这样不经意的闲谈对孩子的理解力和表达力很有帮助，雯文也非常愿意跟我分享，我们母女间有说不完的话题，亲密无间。

雯文越来越爱写，作品越来越多。每次写了作品她都第一时间拿给我看，希望得到我的意见。我也把雯文的作品全部输入电脑，只要发现有征稿的报纸杂志就马上投稿。经历过无数次投稿失败以后，雯文终于陆续在四川小作家微信公众平台中发表《春雨》，在《四川青少年作家》杂志上发表《考砸了的后果》，在《华西都市报》上发表《筷子夹弹珠》，在《当春》杂志上发表了《爆米花偷窃案》，在《青少年作家精选》上发表《茶之韵》，在《金熊猫杯专辑》发表《一张白纸》，并获得四川省青少年作家协会"优秀青少年作家"光荣称号。

雯文在发表一系列作品以后，经过申请和审核成为四川省青少年作家协会会员，也结识了一些爱好文学的小伙伴。这些小伙伴们才华横溢，有些已经出版了小说，这对雯文的文学创作又是一个激励。

雯文五年级时所在的石笋街小学要举办一个读书节活动。学校张校长和班主任邓老师跟我商量说把雯文的作品整理一下开个个展。利用这次机会，我把雯文平时的小说、散文、诗歌和其他作文进行了大梳理，我惊奇地发现整理出来的文集居然已有七万字了，个展的时候呈现在孩子们面前的将是一本厚厚的"书"！个展时雯文在石笋街小学全校师生面前做了题为《我的伴侣——书》的演讲，反响很热烈。这让我萌生了为她出书的想法，一方面是想对她三年来的文学创作做一次总结，另一方面也想激励她不忘初心，努力向前。

我把雯文出书的想法告诉苹果校长和鱼儿老师后，得到了她们无私的支持。苹果校长为雯文的书《静待花开》作序，鱼儿老师为《静待花开》写了后记。此后又得到青少年作家协会的鼎力相助，雯文的书《静待花开》得以顺利出版，雯文还应"为学杯"组委会邀请到北京举办了签名售书会，并获得"为学梦·少年作家奖"称号，后来又在棠湖中学召开了新书发布会，会上中央电视台记者对雯文进行了采访。

我个人觉得从雯文的写书历程来说，及时发现孩子的兴趣并大加鼓励、寻找发表平台都非常重要。作为家长还要尊重她自己的想法，让她逐步建立起自主意识，找到适合自己的方向，遵从自己的心，坚持梦想。

记得有这样一句话："每个孩子都是种子，只是花期不同。不要因为你的那颗种子还没开花就着急，也许它永远也不会开花，因为它是一棵参天大树！"雯文这颗幸运的小种子在阳光雨露的怀抱中破土而出，萌出了生命力旺盛的嫩芽！正如她的书名"静待花开"，我所能做的就是怀着一颗柔软的心在一旁灌溉和静静地守护！

苹果老师伍苹为《静待花开》作序——

萌芽的种子

雯文是我隔壁班教室鱼儿老师的学生。每个星期五，我都会在办公室见到她，永远都是一个姿势——捧着一本书，心无旁骛埋头阅读，常常连打铃声都听不见。按理说，教师办公室是不允许学生随意出入的，但对雯文，大家似乎有一种心甘情愿的"纵容"。对这样一个安静的痴迷读书的女孩儿，谁忍心拒绝呢？

我有时也会请雯文来我们班客串一下讲师，让她分享一些写作心得。每每这个时候，班里的孩子都是一片欢呼。因为他们都读过雯文的作品《狼啊狼》，巴巴地等着续集。当雯文走进教室，这帮小屁孩会立即安静，整齐划一地将身子前倾，两眼发光，无限倾慕地望着这位只比他们大一岁的雯文姐姐，恨不得听她聊上一整堂课，完全忽略了为师我的存在。

初识雯文，是两年前的一次全国作文决赛夏令营。我正好带队，那次决赛，刚读三年级的雯文居然拿了个全国冠军，让全场震撼。而我却并不以为然，当了这么多年的作文大赛评委，我知道这里面的偶然因素也不少。

回到成都后，陆续在学校的《文学报》上看到雯文的习作，每一篇都有好几千字呢；课间，常听到同事们谈论这个小女孩如何有写作天赋；再后来，鱼儿老师居然对她做了一次专访，雯文的谈吐已经开始透现出同龄人无法企及的宽度和深度。我不由自主地开始关注这个孩子并产生种种好奇。

我所创办的"苹果树下文学坊"，是一所地道的文学学校，初心就是想带领孩子们恢复写作的原创力，跨越写作的障碍，成为享受文字的书写者。这么多年过去了，我们教过数以千计的孩子，他们拿了很多奖，也发表了不少作品，但我清楚，发自内心真正喜欢写作的孩子并不多。

我一直在思考，到底是什么在制约着孩子的表达欲望，消解着他们的创作激情。为什么身为同龄人的雯文，又如此热爱写作？这背后有什么样的助推力？

恰巧，雯文的妈妈找到我，说想把孩子的作品结集成册。刚开始，我有些反对，说实话，现在给孩子出书不是什么难事，我看到过很多这样的书，不外乎就是孩子的作文集，真要出，"苹果树下"每年可以出几十本。但当雯文妈妈把这本厚厚的书稿交给我的时候，尤其是看到四篇中篇原创小说的时候，我被震撼了，我清楚这是一本水准完全不同的儿童原创作品。

一页页地翻看，一行行地细读，我在寻找雯文的影子，寻找我要的答案。

"十一岁时，我开始接触唯美风格的书籍，如曹文轩的《根鸟》《灵龟》《山羊不吃天堂草》，文字深奥且优美。有一本散文集，形容舞姿优美、脸蛋清丽的戏院女孩儿锦薇时，引用了韦庄的诗句：'一枝春雪冻梅花，满身香雾簇朝霞。'我对它们一知半解，似懂非懂。但它们是美的，读在口中只觉唇齿留香……"

这孩子对文字充满敏锐的触觉。

"在广阔的日曲卡雪山的领域，一只雪豹孤独地坐立在山头。头优雅地微微抬起，胸部能看到栗子般饱满的肌肉滚动着，精悍而又壮实。蓬松的皮毛像涂了一层彩油，每一根都闪烁着油星，背部的线条极其优美，高贵华美得仿佛千年前的古埃及艳后！"

这孩子有出色的文字驾驭能力。

"黄昏中，一轮残阳照射在湖面上。湖像被镀上了一层金粉，像太阳吐出的一片霞光。我做完动物考察队的工作早已累得浑身软了，意识渐渐变得模糊了，眼前一黑……"

这孩子是写故事的高手。

"红尘梦醒……终究抵不过六军不发，无奈何，那一刻揉碎桃花红满地、玉山倾倒再难扶。一缕香魂悠悠荡荡四处飘摇。七月七日长生殿，蹒跚的背影已无昔日的挺拔，满面的沟壑掩埋了英俊的轮廓。英雄末路，美人迟暮！再回首时此恨绵绵无绝期……"

这孩子也会沉醉在古典诗词的美轮美奂中。

"妈妈白皙的脸一脸黑线,'咔嚓'一张试卷在瞬间化为乌有。妈妈一个转身进了卧室,留给我一个怒气冲冲的背影。不用说,肯定是去寻找她的'凶器'竹条了,我闭上眼睛:天灵灵,地灵灵,各位神仙请显灵……可在这时候,亲爱的奶奶却去遛狗了!"

毕竟,她还只是个十一岁的孩子,纯真可爱。

阅读雯文的文字,我感受到了一股扑面而来的力量,是喷薄的才气,是灵动的童年,是盎然的生命,是丰富的原创力!她用那黑黑亮亮的眸子,安静又热切地打量着这个世界,小脑瓜子里,充满了各种奇思妙想。我能感受出她对写作的喜爱,也笃定这孩子享受着文字表达带来的畅快感。

而在跟雯文的父母接触后,我找到了一些答案。每一个会写作的孩子,都具备一定的天赋,但更重要的,还是父母的陪伴和引领。雯文是幸运的,她的父母善良而智慧,在她很小的时候,就牵引着她走进文学的花园,在阅读中感受美,享受另一个世界的惊奇。父母从不干涉孩子的创作,任由孩子天马行空,自由写作。他们带孩子旅行,参加各种夏令营和写作论坛,不错过任何一次重要的写作比赛,和老师保持积极的沟通,为孩子提供作品展示的平台,所有这一切,只为把孩子放在适宜成长的土壤里,让种子发芽。

他们做到了。

文学的种子正在萌芽,我欣喜地看到了这部作品凝聚着雯文不可阻挡的才情,刚刚释出,若渐渐舒展的茶,香味会随着孩子的成长,越发醇厚醉人!

我终于理解雯文妈妈的初衷,于是欣然作序,表达我的祝福和期待!

人物档案:肖雯文,四川省青少年作家协会会员、文学艺术促进会会员、《南边文艺》签约作家。现就读于成都市师大一中七年级。自幼学习钢琴、绘画和国学,尤其热爱阅读和写作。曾获得全国奥林匹克作文大赛总冠军、全国创新作文大赛初赛一等奖、全国总决赛二等奖、"为学杯"全国总决赛一等奖、"金熊猫杯"现场作文大赛特等奖等奖项。系"青少年人才培养计划"推出的第一个青少年作家，作品在《四川青少年作家》《华西都市报》《当春》《中外文艺》等报刊发表。著有文集《静待花开》，该书荣获"为学梦·少年作家奖"。

苹果老师的叮咛

- 要想让孩子亲近作文，喜欢写作，一定要让孩子有成就感。除了本章提到的一些方法，家长还可以根据自己孩子的情况想出更多的点子。

- 兴趣和自信是写作起步阶段最为宝贵的动力。多给孩子提供展示的平台，多发现孩子写作的亮点，让孩子有成功的体验，能够极大地增加孩子的写作兴趣。

- 让孩子写真话、抒真情，才能让孩子体会到写作的真味，进而有更好的发挥。

叁 留心，不要让好素材跑了
——炼就选材的火眼金睛

 家长最想知道

- 拿到作文题目，孩子总是不知道该写什么，父母应该怎样帮助他选材？
- 什么才算是好的素材？
- 我经常带儿子外出旅行，但他仍然无法写好游记，我应该如何辅导？

 **1. 好素材在哪儿**

有一句俗语叫作"骑着驴子找驴"，说的是明明拿着一样东西却不知情，还在到处找。这个俗语用在孩子寻找写作素材上面再合适不过了。

曾经有位家长抱怨说孩子写作不好，成天只知道调皮捣蛋，不是在家里给地板洒上清油做成溜冰场，就是拿奶奶的血糖仪去给芦荟测血糖。家长这一抱怨，我倒帮孩子找了几个好题材，一经指导，孩子有一篇作文还获得了

全国作文大赛一等奖!

著名作家、北大教授曹文轩讲了他对写作选材的看法,他说:捧着金饭碗要饭是现在社会的常态,我们的孩子们也是这样,其实他们的生活积累已经多到足以应付老师的任何作文题目,只是他们没有意识到。的确如此,孩子长到会写作的年龄,已经八九岁了,他们一定经历过委屈、争吵、挨骂、掉牙,生活中的这些事都是写作的好素材,但孩子往往不加留意,让好素材都跑了。

当然,孩子不是天生就会选材的,需要父母的协助。即使是我们做父母的,真要做到留心生活、积累素材也有些困难。我经常给家长讲:"生活处处皆素材。"年轻的父母还是一片茫然,生活中的"材"在哪里呢?于是到了周末写作文的时候,孩子一提笔就喊妈妈,妈妈也不知道该让孩子写些什么。

生活中的素材随处可见,家长要提醒孩子留意。比如,孩子的牙齿松了,疼了好几天,终于掉了。这就是一件小事,可以写成一篇《掉牙记》,试着记录掉牙的整个过程,重点突出那个难受劲儿。和同学发生矛盾,心里不痛快,也可以写成一篇作文。有一次,我家里跑进来一只小蟋蟀,整个晚上一家人都在找它,最后在卫生间里找到了它。女儿当即就把这些小事记录下来了。

女儿习作(二年级):

掉牙记

前几个月,我的一颗牙齿终于松了,我当时高兴极了!因为我要换新牙了。

但是,最近几个星期我不开心了,因为那颗牙齿老不掉,一碰就疼,让我烦恼不已。

昨天晚上起,我的牙齿更松了,摇摇晃晃像在荡秋千。今天早上,牙齿根露出来了。刷牙时,牙刷一碰到牙齿就是一阵钻心的疼。

"吃汤圆了！"妈妈说。啊！这汤圆又大又圆，叫我怎么吃呀？不过我还是大胆地吃了一口。啊！牙根上的肉都粘出来了！痛得我捂着嘴直叫唤。妈妈说她帮我把牙给拔了。我听了直摇头，这一摇可不得了，牙齿居然被摇得钩住了大门牙。我用舌头顶了顶，痛苦地说："怎么办呀？"眼泪也流了下来。妈妈又说："你看，牙齿都流血了！"我照了镜子以后，想："这牙齿真像一个血淋淋的战士呀！"我想着想着，不小心舔着了牙肉。吧嗒！牙齿掉了！我开心地说："妈妈，我长大了！"妈妈也开心地说："恭喜你，你长大了！"

第三只动物

一天晚上，我和妈妈带着两只小仓鼠回到家。一进门，就听爸爸说："咱家又来了一只动物。""什么动物？狗？鸟？还是又多了一只仓鼠？"我问道。"不是，是一只蟋蟀。"爸爸说道。一听是蟋蟀，我立刻来了兴趣。"是不是奶奶上次捉的蟋蟀被妈妈拿回来了呀？"我疑惑地问。妈妈听了，立刻反驳道："我可没拿回来！"那是什么呢？我打算找到它。

听爸爸说它在卫生间里。于是我想探个究竟。我假装在桌子底下找东西，耳朵却飞到卫生间里去了。不一会儿，蟋蟀就大声叫了起来：嘤嘤嘤嘤……为了不打草惊蛇，我向书房迈了一步，又向厨房迈了一步，蟋蟀仍然在叫。于是我又走向了卫生间，"叫声停了！"我兴奋地叫了起来。我打开灯，静静地站着看。不一会儿我就在马桶上面发现了它。一抓，没有抓到。又一抓，啊！抓到了！它有两根长长的触角，一个扁长的身子，两只小小的眼睛，六条像小棍一样的腿，可爱极了。

爸爸发话了："把它放了，让它自由吧！"我把它捧着："不放，瞧它多可爱！"这时，小蟋蟀那竹枝一样的腿，像装了弹簧一样，轻轻一跳，跳出了我的手,跳到了沙发背上。爸爸说:"刚才你抓了,这次我来抓吧。"说着一把抓住了蟋蟀。"多好的品种啊!如果参加斗蟋蟀大赛的话,一定能得奖!"于是爸爸把它放在了一个盒子里,养了起来。哼,刚才还说要放了呢!

哎……我们家又多了一只动物。

流浪小猫

今天,我和妈妈正准备上楼。突然,一个肉乎乎的东西蹿上楼梯,喵喵地叫着。我一看,又是那只黄白花猫。我紧张地对妈妈说:"咱们给它一点儿蛋糕吧,说不定这只猫就不会再跟着我们了。"妈妈心惊胆战地回答道:"那……好吧!"于是,妈妈掰了一块刚买的蛋糕,丢在了地上,撒腿就跑。我也飞一般跟着跑上了楼,一边跑一边大声呼喊:"快,快,快点儿呀!"

你一定想知道我们为什么这么害怕这只猫吧?因为这段时间它老是鬼鬼祟祟地跟着我们,不知它"葫芦里卖的是什么药"!所以我们很怕它。

其实,这只猫很可怜,它没有家,没人疼。冷了就在车下面睡,饿了就去垃圾箱里刨东西。我想收养它,可妈妈爸爸不同意,怕它带来什么细菌。

可怜的小猫,如果你善良、不凶狠的话,我就会永远喜欢你,想念着你!

女儿写这几篇作文时才读小学二年级,凭她自己的能力是不可能主动捕捉到这些题材的,好在发生这些事情的时候我都在场,有了好题材就得提醒孩子及时记下来。否则,错过了,遗忘了,就太可惜了。

可是,我们的家长每天都在错过这些精彩瞬间。这是因为家长自己都没有这样的选材意识,更谈不上对孩子的帮助了。老师给学生上写作指导课时,最怕的就是孩子不知写什么,不管怎么启发,他的脑海里都是一片空白,心里没有一个题材库,怎么都唤醒不了对应的记忆。每次遇到这种情况,我就很无力,因为孩子的生活老师是无法替代的,我可以教他怎么谋篇布局,怎么遣词造句，可我没法帮他选材，所谓"巧妇难为无米之炊"啊。所以，在协助孩子积累素材方面，父母的重要性是老师无法替代的。

2. 选材三字诀

教孩子学会积累素材，首先要知道什么是好的素材，是有写作价值的素材。

这里给大家说一个选材三字诀——"小、真、新"，其中"小"是指选材要小，从小处着眼，"真"就是真实，"新"就是新颖独特。只要对照着这个口诀去选材，都比较靠谱。

对于小学生来讲，题材要小，要容易驾驭。我特别反对孩子写一些大得不着边的事情。2012年，我受邀担任创新作文四川赛区小学组的评委，这次大赛的题目是"我和××"，那些写我和老师、美食、爸爸、春天、地球的，选材不是太普通，就是太大了。反倒是《我和芭比的一次争吵》《我和一片树叶》让人眼前一亮。一等奖里有一篇作文是《我和薯片》，相比于《我和美食》，就显得小巧而富有特色。获特等奖的作品《我和那个轻轻的声音》很大程度也是因为选材独特，从小处着眼而取胜。

为什么提倡写小的题材呢？因为孩子的语言表达能力还无法驾驭大的素材。而从小事入手，家长容易指导，孩子也容易把握。

另外，口诀里的"真"字，就是希望孩子最好写自己亲历的事情，要么亲眼所见，要么是亲身经历。耳闻目睹加之亲身感受，孩子容易写出真情实感。有一次，我让孩子写一次受惩罚的经历，班里最优秀的小若这次却没有获得高分，她写的是一次挨打的经历，写得不理想，问其原因，她才如实说，这件事是编的，当时她以为挨打就是最严重的惩罚了，选材容易出彩，没想到因为没有亲身经历过挨打，写不出当时的痛感和害怕，更无法还原当时紧张的氛围，文章读起来当然就感觉生涩乏味。这次失败让小若更确切地感受到选材要真实。

小学生平时的习作练习，主要涉及写人、记事、写景、状物。这四类体裁都可以在生活中找到无数的素材。先说最常写的记事类作文，按照上面提到的小事、亲历、易驾驭的原则，实在是数不胜数。早上赖床，洗脸发现用错了毛巾，上学快迟到了，早读课上传纸条被中队长逮了个正着，两个同学打架，放学后在学校门口的小卖部偷偷买零食，回家路上看见一群人在追小偷，妈妈发现你藏在床下面的70分试卷……每一件事都可以写成一篇生动的作文。我曾经梳理了女儿小学一年级到四年级的习作题材，基本上记的都是这些小事，甚至爸爸打个喷嚏、老师叫错了名字，都成了孩子写作的素材。从小处着手，孩子的习作不空洞，真实有趣，写作能力也慢慢增强了。

到了中高段，要让孩子在选材上注意选择有情节起伏的事件，这样能写出事情的一波三折。所谓"文似看山不喜平"，选材的好坏在很大程度上决定了一篇习作能否成功。如果我们选的事情过于简单，自然没法写出情节的曲折感。有一次，我让学生写一篇话题作文《找》。有个孩子说要写找钥匙，我问他怎么找的，他说一摸口袋就找到了。显然，这不是一个好的选材，因为情节过于简单，没办法铺展开去，小作者的写作水准也没法很好地在文中得以展现。倒是另外一个孩子，写的是《找狗》，从发现小狗不见后的着急，到四处打听，在小区门口贴寻狗启事，他们用了不少方法。整个故事一波三折，情节饱满，这就是一个有价值的好选材。

为了让孩子体会情节曲折对于故事发展的重要性，我还经常给他们分析一些故事。比如绘本《乱七八糟的变色龙》，讲的是一只变色龙吃了样子怪怪的虫子就开始乱变色了，它的朋友想尽办法帮它，都没有恢复，后来遇到了大狮子，变色龙用智慧吓跑了狮子。在讲这个故事的时候，我会一边讲一边让孩子猜：朋友能想什么办法帮变色龙恢复？这些方法有用吗？然后让孩子思考，如果有用了，故事还能往下进行吗？通过一系列的分析，小朋友得出结论，有了波折才有看头，正是这些波折才会推动情节往下发展。我们写作文时就要表现情节的曲折。这里要再次强调，选材一定要真实，不能编造。有的学生为了追求所谓的故事性，发挥想象，编造题材，或者在真实的素材上添油加醋，刻意造成一波三折的效果，其实是南辕北辙。因为，真实的东西才可能打动人。没有亲身经历，写出来的东西是空洞苍白的。有经验的老师一眼就可以看出这篇文章选材是否真实。何况，情节过于曲折，小学生难以驾驭，作文容易写得做作而生硬。

五、六年级的孩子经常会写一些话题作文，就是围绕一个规定的话题进行习作。话题作文是最为自由的，真可谓"海阔凭鱼跃，天高任鸟飞"。这个时候，最考孩子的选材能力。我常常把普通的素材比作大白菜，你会种，我也会种，太多了就廉价了。什么是大白菜式的素材呢？比如写《我的妈妈》，许多孩子都会写下雨了妈妈来送伞、天冷了妈妈送衣服、晚上发烧妈妈送孩子去医院，好像妈妈的爱只能通过这三件事展现，我称之为"三送掉牙篇"，因为这些素材几代人都用过，实在是老掉牙了。而有的孩子不走寻常路，选材新颖独到，令人耳目一新。这样的素材，我称之为"火龙果"。火龙果是热带水果，在蜀地物以稀为贵。大白菜几毛钱一斤，火龙果身价就不同了，超市里都会卖到近十元一斤。所以，我提倡孩子选"火龙果"式的素材。比如，同样是写自己的妈妈，有个女孩写妈妈见她学习很辛苦，听说核桃补脑，就天天剥核桃给她吃，怕她嫌涩，还特意把核桃仁的外衣去掉。妈妈本来很爱美，常常会涂上漂亮的指甲油。为了给她剥核桃，妈妈剪短了指甲，洗掉了指甲油，日久天长，指甲被核桃汁染成了淡淡的褐色。女儿觉得妈妈的这双手是天下最美的手。瞧，这就是新颖的素材。

3. 蛛网式剖题法

这里再分享一种剖题方法,姑且称之为"蛛网式剖题法"。我们看到一个题目,思维一定要打开,从不同角度不同层面来进行发散式思维,像织一张蛛网,网越大,你可能想到的好素材就越多,优中选优,自然能找到一个满意的素材。

以《礼物》为例。这是一篇话题作文,很多孩子看到后第一反应就是过生日时,爸爸妈妈送给自己的玩具、图书。如果不进行深入剖题思考,很有可能大部分孩子都会写这个题材。写作文有个讲究,放弃头脑里第一个闪现出来的素材,因为那可能是最普通、最可能与别人撞车的选材。当然这也不能一概而论,有些事情对你的影响至深,带有你独特的生命印记,可能也是一触碰就出来的,那就另当别论了。

回到《礼物》的剖题。让我们打开思维,先从角色入手。这个礼物可以是我送给他人的,也可以是他人送给我的。"他人"可能是亲人、朋友、同学、老师,也可以是一只动物,甚至植物。怎么不可以呢?我养了一盆蒲公英,它开花了,我知道蒲公英最大的心愿就是让自己的孩子能在山野生长,于是我把它的种子带到了郊外,这不就是我送给蒲公英妈妈最好的礼物吗?还有,主角不一定是自己,也可以是 A 或 B。比如,太阳送给地球的礼物是光明和温暖,大自然送给人类的礼物是无尽的宝藏。从礼物的性质来看,可以是实物,比如书包、钢笔、自行车、玩具,也可以是看不见摸不着的东西,我们的名字不就是父母给我们的人生第一份礼物吗?还有一句话、一个眼神、一份友谊,都是特殊的礼物。

接下来,我们的思维还得打开。从对礼物的喜好上讲,不一定所有的礼物都是我们喜欢的。我们可以写一件令我失望的礼物,就像前文那个小女孩写的，本想要辆自行车，结果妈妈给她买了一摞习题集。还可以写给我们带来麻烦的礼物，比如"爸爸送给我一只小白兔，没想到它四处乱跑，还弄脏了我的作业本"。

选材的侧重点不同，呈现出来的作品也不同，我们可以重点写挑选礼物、准备礼物的过程，也可以重点写送礼物的这个环节发生的事情，还可以把重点放在收到礼物之后发生的事。小白兔带给我的一连串麻烦就属于这个范畴。

从不同层面、不同角度剖题，我们的选材思维一下子就打开了，仿佛有无数的素材等着我们去选择。能选择就是一件幸福的事情。

所以，家里有小学高段的孩子，不妨让他多做一些剖题训练，不一定每一篇都写，但每一篇都力求能选出好的题材，把提纲拟出来，作文就往前跨了一大步了。

4. 克服偏好，拓宽选材之路

有一段时间，我发现女儿很少涉及写景状物的题材，而这类题材是最练观察力的。于是我趁着送她上学，让她观察路上骑电瓶车的人：有的人骑得慢，有的人骑得快，有的人不守规矩，有的人冒冒失失，每个人的动作都很有特色，也很有趣。通过观察，女儿写了一篇作文——《骑电瓶车的人》。

女儿习作（四年级）：

骑电瓶车的人

成都的电瓶车很多，不论在哪儿都可以看见各式各样骑电瓶车的人。

大多数人都骑得很快。妈妈也是其中一位，她骑车时把右手车把一直拧到头。我有时真为那把手感到揪心，因为妈妈好像随时都会把它拧断似的。

我猜想，如果不受速度限制的话，没准儿妈妈会冲到一百码呢，特别是我快迟到的时候。

不过有更多的人比妈妈骑得还快。他们在车流中穿梭，一眨眼就冲到前头去了，只留下一股冷飕飕的风。

也有骑得慢的。二姨婆就是这样的人。可能是因为去年被电瓶车撞伤过，她骑起车来特别小心谨慎。她特地把速度调到最低，把刹车调到最佳状态。只要看到地上有水，她就停下来推着车走，生怕滑倒。要是几辆车并排开来，她更是骑得很慢很慢，跟蜗牛似的。

成都的冬天很冷，很多骑车人都爱把衣服反着穿，据说这样很挡风，虽然看上去不太雅观，但很快就形成了一股潮流。还有人会在车把手上装一副大手套，手一伸进去，就暖暖和和的了。

乐意在电瓶车上玩弄车技的似乎有不少。有的人一只手扶车把，一只手打电话，有一下没一下地加着马力，同时在人群中穿来穿去，让人心惊胆战。还有人和同伴并排骑，占着车道聊天，全然不顾后面的喇叭声。更有甚者，居然跷着二郎腿骑车，跟耍杂技似的。

有不少骑电瓶车的人违反交通规则。最可恶的就是闯红灯。在十字路口，大家都在等红灯，他却来了一个漂亮的"入水"，冲了出去，引得后面的车一阵急刹，他呢，左右摇摆着冲了过去，隐没在车流中。看着都让人心惊肉跳。

放学路上，我喜欢看那些骑电瓶车的人的不同神态，就像看不同的风景。

你看，站在路边看景致，也可以选到好的写作素材。

到了高段，孩子需要逐步学会在作文中抒发真情，以情动人。但这个时期，孩子往往不善抒情，也常常找不到合适的素材来训练写作中的抒情表达。我女儿也不例外，刚上五年级的她，调皮天真，"没心没肺"，从她的习作风格看，也尽是些搞笑文章。于是在那一年，我有意识地让女儿留心积累一些感人的素材。

一天中午，爷爷带来了一包瓜子仁，说是奶奶给孙女剥的。我看着这么一大堆白花花的瓜子仁，不知奶奶花了多少工夫，心下感动。这一包瓜子仁，既能培养女儿的感恩心，还能帮助她写一篇情感丰沛的作文。我决定好好利用这个素材来引导引导她。

女儿看到了这包瓜子仁，抓起就吃，真的是"没心没肺"。

我问她："好吃吗？"

"好吃！"

"知道是谁给你剥的？"

"我猜，是奶奶！"这个小机灵，打小被奶奶宠，当然能猜到。

"剥这个可不容易啊，你吃出了什么味道？"我开始引导她。

"嗯，味道很香。还有，我吃出了爱的味道！"毕竟是五年级的孩子了，能听出妈妈的暗示。

"那你能不能把这件事记下来，写成一篇文章给奶奶看？她会多高兴啊！"

"好！"女儿爽快地答应了，习惯性地在选材本上写下了一个标题——奶奶的瓜子仁。

可是，真要开始写了，女儿却犯难了。又没有看到奶奶剥瓜子，就这么一尝，怎么写成一篇作文啊？别急，妈妈有办法。我找来一些瓜子，让女儿自己剥一剥，想象奶奶是怎样剥的，口头描述一个"剥瓜子"的片段。然后，让她回忆，奶奶对她的爱是不是只有这一回，还有哪些？接着，让她仔细品尝瓜子的味道，告诉她这也是一个可写的细节点。好了，提纲拟好，有味道的描写，有想象的画面，有穿插的回忆，一篇饱满的文章就呼之欲出了。果不其然，女儿在我的指导下写就了一篇还不错的作文。而且，这次她改变了以往搞笑的文风，开始走"情感路线"了。最重要的是，女儿在写作的过程中，再次体悟了奶奶的付出，感恩的心就这么悄然滋长了。

这个案例是想告诉父母，有些时候，我们面对的并不是一件事，可能仅仅是一件物品，但这件物品背后是有故事的，可能包含着一个情感故事，这就是一个有价值的训练点，这样的好素材，错过了可惜。

女儿习作（五年级）：

奶奶的瓜子仁

今天，爷爷送来了一盒剥得好好的、油亮亮的瓜子仁，说这是补锌的，也就是补脑的，还说奶奶怕我嫌瓜子的外壳不好剥，就一颗颗剥了出来。

我连忙打开盒子，想看看奶奶的爱心瓜子仁。这盒瓜子仁胖胖的，尖尖的，让人想到玫瑰身上的小刺。黄色的、白色的、浅咖啡色的，混在一起，那颜色犹如雨后的泥泞路。放一颗到嘴里，一股特殊的油香味儿引得我口水爆发出来。瓜子在唾液中咸咸的、甜甜的，和在了一起，我好似吃进了奶奶的爱。啊，奶奶的爱心瓜子呀！

吃着吃着，我仿佛看到了奶奶坐在沙发上，戴着一副老花镜，面前的茶几上堆了一座小山似的瓜子。奶奶拿了一颗瓜子，把它横着轻轻一捏，咔，瓜子中间裂了条缝。奶奶把瓜子反过来，轻轻一掰，把瓜子仁倒了出来。一下午的工夫，一碗瓜子仁就冒出来了。

是啊！奶奶是多么爱我：我病了，她送我上医院，又接我回家，给我买好吃的；我在学习上不懂的，她都想办法尽力给我讲明白；我有心事，向她诉说；我得表扬，跟她分享。

我真幸运，世界上有个乐意给我剥瓜子的奶奶。

选材能力是完全可以训练出来的。我记得在教三年级一个班时，让学生写暑期的一件事，结果全班大多数小朋友都写的是外出旅游。对于作文刚起步的孩子来讲，旅游作文是很难驾驭的，这个话题我们会在后面展开。小学生以为旅游是最有价值的选材，这可能跟我们父母的引导有关。后来的一学年，我都在选材方面着力训练孩子，无论是主动积累的意识还是判断素材优劣的能力。第二年暑期结束回到学校，我又让学生写暑期的一件事，没想到这次小朋友的选材精彩纷呈，少有雷同，如：《蚊人"相亲"》——写夏日的晚上与蚊子的大战；《鼻子受罪记》——写热伤风后的真实体验；《不速之客》——写夜晚闯进来的一只老鼠；《海天不一色》——写海岛旅行的独特发现。实践证明，持之以恒的选材训练确实能帮助孩子提升这方面的能力。

5. 好记性不如烂笔头

省事的素材本

在孩子作文起步前，父母就要建立自觉的选材意识，关注生活，积累素材。有条件的家长不妨准备一个素材本，随时记下有意思有价值的素材，甚至自己动笔写一写，体验一下这个素材好不好驾驭。工作忙的家长可以在心里打个腹稿。亲身感受过再来指导，效果大不一样。就像我以前去洗车，不知道该怎么检查洗车工是否把车洗干净。有一次，我突发奇想自己洗了一次车，就很清楚哪些地方不容易清洗到，哪些地方就最容易检测出洗车工人的工作是否细致。

因为教学的缘故，我也时常留意有价值的素材。我喜欢让学生写生活作文，写他们都经历过体验过的事情。如果给出的题目能激起孩子的写作欲望，我就成功了一半。因此我在选题上特别考究。比如"挨骂"，这是大多数孩子都会经历的成长故事，被训斥的过程中父母的动作、神情、自己的心理感受或顶嘴的话语都是值得描写的点。所以这是我在训练四年级学生习作时经常选用的一个题目。五年级下期评选"区三好",竞争非常激烈,候选时、投票时,都很紧张,于是我选择了"竞选"作为这学期的一次习作训练。每个孩子都有过找东西的经历,写《找》这篇作文能唤醒他们对当时找东西的心情、波折的回忆;还有《偷偷做××》《迟到》《班干部×××》……事实证明,让孩子写熟悉的生活故事,他会写得有滋有味。但我们很多老师和家长忽略了这点,让孩子写诸如《家乡的变化》《邮票》《龙的故事》等教材要求的作文,殊不知这些题材远离孩子生活,他们无从下笔,只得拼凑字数,敷衍了事。更可怕的是,长期练习这些古老陈旧又不吸引人的选题,孩子的写作兴趣会被扼杀。我倒觉得,教师和父母们大可不必拘泥于教材上的训练题目,可以根据学生最熟悉的、最感兴趣的话题制定习作内容,因为教材的作文题,其目的也是训练孩子习作的各项能力,如细节、立意、选材等等。目标在那里放着,我们为何不选择一个更适宜孩子发挥的题材呢?

有价值的题材是让孩子有写作冲动、有真实的生活体验、易于把控的题材,孩子一下笔就能一马平川,一气呵成。

除了家长要具备积累素材的意识,最重要的是让孩子养成收集素材的习惯。父母应该怎么做呢?

到了二、三年级,孩子开始学习写作了。家长可以让孩子自己准备一个小小的素材本,在你的点拨下及时记录生活素材。这些素材通常来自两个渠道:一个是你亲眼看到孩子经历的事情,如初学洗碗、顶嘴、忘戴红领巾,等等;还有一类是孩子给你讲述的事情。这些事情有趣事、糗事、难过的事,你认真倾听后如果发现这是一件值得写的素材,也要让孩子记在素材本上。记录无须太长,一两个词或者一句话,如"今天我学骑自行车时摔了一跤,但还是学会了",甚至就是一个初拟的标题:"学骑车"。所有的素材都应是在你和孩子商量的基础上记录的,来不得半点勉强,更不能强势介入,逼着孩子记下你认为好的素材。有了这个素材本，还要让孩子尝到甜头，写周记的时候，让他自己翻看一周以来的记录，选择最想写的一件事。自己做主，孩子的写作积极性就会被调动起来。

这里展示一些孩子的选材——

鱼缸迷案

我家的鱼缸新添了一条雪白的锦鲤，可它的尾巴就被咬得千疮百孔。经过观察，我发现凶手是一条乌黑的锦鲤。我赶紧把凶手捉拿归案，又把受害者的尾巴治疗了一下。鱼缸终于重归平静。（雷蕊伊）

言多必"湿"

科学老师最爱讲话喷口水。一次上课做跟水有关的实验，老师一直不停地讲话，口水喷在了装水的杯子里，导致水从15毫升变成了15.37毫升。坐在第一排的我们就更遭殃了。（张晓天）

还可以用一句话记录选材，更简洁——

可怕的数学

今天我冒雨参加华杯赛，没考好，还被我妈骂了，数学好烦！

对　比

今天看见一个小朋友调皮被爸爸打得很惨，我爸爸妈妈从来没动过我一根手指头，我觉得好幸福！

夜宿海洋馆

跟好朋友一起参观海洋馆，晚上跟鱼儿们一起睡觉，太有意思了！

为什么要及时记下这些素材呢？中国有句俗话，"好记性不如烂笔头"。有些事，过了就忘了。及时捕捉记录，为的是回头翻看时能够唤醒记忆。长此以往地训练，孩子会练就火眼金睛，好的素材就不会轻易从他眼里溜走了。

在女儿习作的最初阶段，小小的素材本就帮我省了很多事。女儿刚开始写作的时候，也不知道该写什么，每次到写周记的时候就犯难，恰好我周末都要上班，没有办法指导她。我就用了上述的方法，给她准备了一个小本子（素材本），平时带着她积累素材，并手把手地教她怎么用一句话记下来。到周末写日记时，她会翻开这个素材本，选择最有兴趣写的题材，这样再也不会说找不到写的了。

睡前五分钟 & 暖笔十分钟

积累素材是个好习惯，这需要长期的训练。而睡前五分钟的素材记录或者十分钟的暖笔，是我非常推荐的习惯养成方法。

孩子到了四、五年级，家长可以逐步放手，让孩子每天睡前五分钟记下当日最有价值的素材。一周下来，家长可以和孩子一起评出最佳素材，并说出原因。记住，好素材的标准：①自己亲历的，容易写出内心感受。②从小处着眼，以小见大，避免很大的题材。③有情节，最好能一波三折。④新颖独特，让人耳目一新。对照着这个标准，父母和孩子反复考量，摒弃一切无价值的素材，力争每一个素材都掷地有声。因为，好的选材是作文成功的一半！当然，如果孩子当天确实没有值得记录的素材，也不必勉强，但若经常找不到素材，家长要适当做些辅导，和孩子一同回忆并捕捉一些不容错过的生活素材。经过长期的培养，孩子会逐渐进入到自觉的选材阶段。等到孩子进入初中，才会慢慢找到有感而发的写作状态。

五、六年级的时候，可以让孩子每天暖笔十分钟，有点类似日记，就是把每天最想记录的片段、事件或心语写下来。这样做的目的有二：一是继续积累素材，二是每日练笔有助于提升写作能力。就像练字、练琴一样，每天摸一摸，手就不会生。其实就是培养语感的问题，作文一定是多写为佳，越写手越顺。

有条件的家长，还可以定期和孩子来一次专门的选材训练。出一个话题，让孩子在几分钟之内找出自己最满意的一两个选材。如《讨价还价》，孩子可能目睹过甚至亲身经历过很多次，让孩子选择最想写的一次，问问他为什么要选这次，是否符合上述好素材的标准。

6. 旅游素材有讲究

孩子的生活两点一线，他们难免会感到枯燥。为了拓宽孩子的眼界，家长可以利用假期带孩子外出旅游，在田间野外体验不同的生活方式，并且带着孩子深入观察一些动植物和自然现象。这样，孩子的题材库又会增加一些新鲜的东西。

我非常赞成父母带孩子外出旅行。亲子游的好处实在是太多了，在山水间滋养亲情，在天地间共长智慧。带孩子旅行是很有讲究的，不是拎着行李说走就走，如何让孩子在旅行中收获最大化，我专门写了一篇文章（附在本章后面），其中也提到了关于习作的话题。

很多父母认为，带孩子出去这么一趟，怎么也得写几篇作文。殊不知，旅行类作文是孩子最难把控的一类题材。比如，你带孩子到三亚玩了五天，让孩子写作文，如果不指导的话，孩子要么写成流水账，把每一天的行程罗列下来，要么不知如何下笔，挤出几句诸如"三亚风光如画，真是太好玩了"之类的套话。这种空洞无味的游记，可以把任何一个地方都套进去，写出来毫无美感。

其实，好的游记很多。从古到今数不胜数。李白的《早发白帝城》，徐霞客的游记，现当代作家刘白羽的《长江三日》以及余秋雨先生的诸多作品都可圈可点。会写游记的人，一定是善于观察、文字驾驭能力超级厉害的人。

那为什么小孩子写游记就很困难呢？

这不怪孩子。孩子在旅游过程中经历的事情太多了，他一时无从选择，要把整趟旅行写下来，小小年纪的他也无法驾驭。这时，作为旅行伴侣的父母就应该出场，帮助孩子回忆并选择几个记忆最深刻的点。

还是举三亚旅行的例子，这五天的时间，孩子可能在海上钓过鱼，在海边玩过沙，在海里冲过浪，细想下来，可写的素材还真不少。所以，旅游作文一定要从小处着眼，把过程拆分，把一件事情写透。可以只写景致，也可以写在某个地方玩的场景，如玩沙、坐过山车等，切不可贪多求大，什么都想写，结果什么都写不好。

女儿上四年级的那年寒假，我带女儿到西安玩了几天。在回来的飞机上，我们一边看平板电脑上的照片，一边回忆这几天好玩的事情。我让女儿选几个最想写的题材，女儿没有选兵马俑、大清真寺，因为这里面涉及的文化内涵对一个四年级的孩子来讲还太深了点。她理解不透，写出来的东西就容易空洞。反而是登华山的艰险、在老城墙上骑车、在古街上买埙给她留下了深刻的印象。

到了五年级，女儿越来越会选材了。离开马尔代夫那天，还在等飞机，她和另一个小伙伴就已经在纸上写下了自己心仪的题材：海边大战寄居蟹，可怕的大鳐鱼，黄昏海钓。

指导孩子写旅游作文，选材时一定要化整为零，选点要小，这样的素材孩子才容易把握。

有一年，《成都商报》组织了一次冬令营，请我担任导师，带领孩子们去西昌游玩。四天时间，我们玩了琼海、天街、卫星基地、螺髻山。临到要写作的时候，小朋友就犯难了，是不是这些地方都要写呢？我对孩子们说，这个就需要你们做取舍了。你可以写螺髻山玩雪，可以写天街拍照，可以写琼海写生。如果都要写，可以用"第一日""第二日"之类的小标题的方式来写，但每日都要有所侧重。我建议大家把这些经历化整为零，写成几篇作文。

针对其中的一篇,我是这样指导的:在课堂上让孩子确定一两个素材。确定好以后,我发现大多数孩子对第一天去螺髻山玩雪特别感兴趣。我们就以此为例,在黑板上画了一张线路图,呈现出上山的行程:

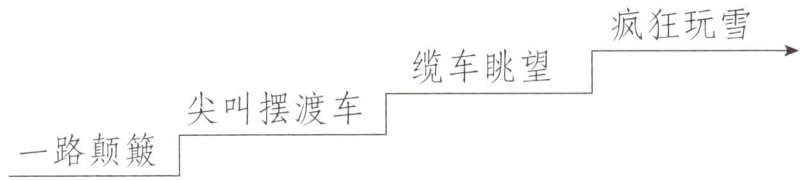

这其实是个回顾的过程,目的是带领孩子继续筛选素材。我指着线路图问孩子们,在这个过程中,你觉得我们写作的重点应该放在哪里?有的说是坐缆车,更多的孩子倾向于玩雪。我们继续聚焦玩雪,我问孩子,在玩雪的过程中,你又想写哪些场景呢?孩子们七嘴八舌,有的说想写雪的样子和变化,有的说印象深刻的是自己玩雪的情景,也有的想写集体玩雪的热闹场面。当孩子已经说到这样的地步,我们就算完成旅游素材的化整为零,从小处入手了,剩下的就是谋篇布局、顺畅表达了。

至于写游记,还有不少讲究,比如要有顺序、情景交融等等,这不是本章节要讨论的重点,这里就不再赘述。

还需提醒的是,旅游是件轻松愉悦的事情,切不可让孩子背负着写作文的压力出发,败了兴致。玩的时候让他尽兴,对写作只字不提,但必要的观察是可以引导的,如果当时拍了照片,事后可以借助照片来加深印象。

旅游途中,还有不少教育的好时机,著名作家吴甘霖老师在他的《孩子自觉我省心》一书中就分享了一次亲子旅游、写作和自我教育的故事:

在儿子牧天小学毕业那个暑假,我领着他去游览九寨沟黄龙景区。

黄龙景区最美丽、最有名的景点是"五彩池"。早在去那儿之前,许多人都向我们介绍,那里是何等神奇和美丽,所以父子俩都对它很向往。

但是,那里海拔高,不少人会有高原反应。而且有相当长的一段路,不通汽车，只能徒步攀登。

才爬了一半，牧天就累得受不住了，要休息。我一问，知道还远着呢。如果老这么休息，那不知道要多久才能上去。于是让牧天稍作休息后，我们继续往上走。当牧天走不动又想歇息时，我就一次次鼓励他："加油，就快了，就快到了。"

说实话，这多少有点"糊弄"的成分，我也想过背孩子走一会儿，但更想考验一下孩子的意志。所以只是陪着他、勉励他，也督促着他，一步一步攀登。

还差400米的时候，这可怜的"猴子"，实在是扛不住了，一屁股坐到地上，再也不愿意起来："我不走了，打扁我也走不动了。"不管我如何哄如何逼，他就是不愿意站起来。

于是我对他说："牧天，我们大部分路都走了，就剩下这短短的几百米了。你想想，你之前付出过多少，如果不走完这最后的几百米，前面的辛苦不是白白付出了吗？"

这番话多少打动了他的心，在歇息了一会儿后，牧天还是咬咬牙，一步一步，最终登到了五彩池。

当五彩池真的出现在他面前时，他一下子惊呆了，不由得大声惊叹：

"哇，太美了，这是神仙住的地方啊！"

我俩在五彩池边站立了好久。什么劳累疲倦，什么高原反应，全都被他抛到了脑后。

回去的路上，牧天十分兴奋。我突然有一个想法，就借机引导他：

"牧天，你觉得刚才爬这山值得吗？"

"值得值得，太值得了！"他不断地点头。

"那你觉得上山容易还是下山容易啊？"

"当然是下山。爸爸你真残酷,上山时快把我累死了。"

"那你认为我们是应该选择好走的下山的路,还是选择不太好走的上山的路呢?"

这孩子并不傻,立即说:

"爸爸,我知道一个道理了:好走的都是下坡路,但我们要探寻美好的风景,有时就要选择不好走的路向上攀登。"

我立即鼓励他:

"你有这样的认识太棒了。那么,你能围绕这件事,写一篇作文吗?"

他点点头答应了。几天后,他写了一篇作文——《好走的都是下坡路》,不仅写到这次登山的经历,更将学习的事情与这次经历挂钩:

"一个情愿花时间去玩的人,那么他肯定选择走轻松的下坡路。而一个愿意用更多的时间去学习的人,那么他肯定是上进、走上坡路的人。

"玩是一件多么容易的事情啊!你不需要学习如何去玩,玩可以给你带来暂时的快乐。而学习确实不容易,你需要付出非常大的努力和痛苦。但是,就像我这次去攀登看五彩池一样,你的付出总会得到回报,你会获得更大也更久的快乐!"

他还提到了坚持的价值:

"放弃只需一瞬间,努力需要一辈子。就像我这次去五彩池,放弃的确是很容易做到的,只需要一秒钟,只需要自己一个想法就够了。而坚持,却需要我们时刻警醒自己:不要放弃,不要放弃!坚持就能登上高峰!"

之后,他无论是在学习中,还是在生活中,这种迎难而上的精神就常常体现出来了,并产生了明显效果。

我没有想到:这样的一次旅行体验对他有这么大的触动。我更没有料到:以写作的方式,让孩子将自己在学习与生活中的体验进行总结,竟然是让孩子进行自我教育的有效手段。于是我后来不断鼓励他写作。

让人惊喜的是：他也爱上了这种方式。初中时，牧天就不断有作品在《中学生优秀作文选》等刊物发表。后来，他竟然还写起书来，成了深受青少年欢迎的成长励志畅销书作家。

回首往事，我十分感谢那次九寨沟之行，它让我找到了一把让孩子进行自我教育的钥匙。

（摘选自著名自主教育专家、畅销书作家吴甘霖所著《孩子自觉我省心》一书）

 **教师课堂案例分享**

剖题中的思维打开

2017年，我受邀去南京"亲近母语"论坛上一堂示范课，这次我要让孩子写一篇话题作文——《找》。我先跟孩子们分享了我在机场找身份证的经历，然后围绕这个关键词，让孩子回想生活当中，自己曾找过什么。刚开始，孩子们的思维还比较局限，大多只能说找过的物品，诸如钥匙、手机、试卷之类。我又追问，除了物品，还可能找过什么？慢慢地，孩子的思维开始打开，动物、植物、方位、密码这些素材都出来了，再往深处说，还有些东西我们看不见摸不着，但一直想追寻，有的孩子说出了寻找友谊、幸福、梦想的选材。

当孩子们的思维打开以后，我们还要做筛选的动作，其标准自然就是前面提到的"小、真、新"三字诀。这次我还特别强调了一波三折，若这样东西一下子就找到了，故事缺乏了波折，就失去了写作的价值。

经过这么一放、一收，班里四五十个孩子呈现出了完全不同的生动选材。

学生习作：

手纸去哪儿了？

五年级　马戈

"呃！咦？"我的纸呢？

那是一个春意盎然的上午，莺歌燕舞，阳光温暖而不耀眼。我和几位要好的朋友惬意地坐在顶楼阳台享用丰盛的午餐。桌上琳琅满目，应有尽有。良辰美景下，品尝着美味的饭菜，怎能不让我胃口大增呢？我狼吞虎咽了许久。忽然，一阵剧痛打断了我的进餐。我马上扔掉筷子，随手抓起一卷纸，弯着腰，捂着肚子匆忙地冲向卫生间。

我一蹲下，伴随着"哗啦"一声，瞬间，肚子舒坦了许多。可正准备拿出卫生纸时，却发现两只裤兜里空空如也。不会啊！我明明走的时候拿了啊！真是奇怪！我又把上衣口袋检查了一遍，还是不见手纸的踪影。我心中充满了各种异想天开的猜疑，是掉在地上了？还是掉到旁边用来清理卫生的铁簸箕里了？抱着仅剩的一丝希望，我又开启了寻"宝"之旅。我缓缓扭过身子，眼睛像扫描仪似的，在四周来回"搜寻"。当扫到垃圾桶方向时，一股恶臭扑鼻而来，我马上捏住鼻子，一头钻到衣服里，大口呼吸着被衣服过滤过的空气……

搜寻半天，一无所获。

接着，我把生锈的簸箕小心翼翼地拿过来，里面除了一些塑料薄膜，但凡与"宝物"有一丝相仿的东西都没有。我顿时"咯噔"了一下，绝望又无奈。看来只有一个办法——求救了！于是，我气沉丹田，在厕所里奋力呼喊。过了一会儿，"SOS"信息得到了回应——张同学"火速"赶来。

得救了！我走出厕所，告诉了他我的遭遇。可谁知，他突然笑了起来。我十分不解——为什么他要笑呢？不过是手纸丢了嘛！过了好一阵子，他才渐渐收住了笑声,指着我的右手:"你手里是什么?"我低头一看,大吃一惊。噢!原来手纸正缠在我的手腕上"睡大觉"呀!我的脸一阵青,一阵红,什么话也说不出……"哦!啊!"手纸竟然在手上!

◎指导老师:厉运超

老师评语: 听说过找书,找钱包,找手机,但找手纸还是第一次见到,选材新鲜,十分引人!马戈思维灵活,剖题深入,从"不可能"中寻找"可能",硬是把一件搞笑的生活小事,写成了别人想不到、写不出的生活"趣文"。

家庭教育案例分享

关于写作素材积累

芬茹妈妈

一个夏天,老师正在教孩子们如何搜集作文素材,生活中的点滴观察和体验,都是素材的来源。于是在某一天放学后,我记下了这些文字:

昨天放学时的一场大雨,是今夏最猛烈的。接女儿放学的路上突然想起刚阅读的伍苹校长的书,书中有指导家长在生活中引导孩子观察和积累素材的方法。于是我放慢了速度,想给孩子留一个观察的时间。

到达学校,果然见女儿在二楼平台躲雨,她愣愣地看着操场,以至于我走近了都没察觉。

拉着女儿的手,我们都没有打伞。

"妈妈,雨水跑到我的凉鞋里了,好凉快呀!"我们肆意地蹚着水。

"朵儿,你看看那些雨丝,看看那些树叶。"

"哈哈，你的头发打湿了，妈妈，我觉得那些乌云好像在挤公交车。"

……

回到家，朵儿迅速地投入写作中，不到 20 分钟，一篇写景的文章舒畅地从笔尖流淌出来。

欣喜！感恩！

雨 林

四年级 谢玢茹

"哗啦啦"，向窗外一看，黑压压的乌云挡住了太阳的光彩，淅淅沥沥的小雨打在绿叶上，溅起一滴滴翠绿的"珍珠"，闪出的亮光射得人眼睛发痛。这是第一个让我感到凉爽的夏日。

好景不长，慢慢地，下起了大雨，风在雨中寸步难行，绿叶被打得流下了伤心的眼泪，花儿也被这突如其来的"大祸"吓得低下了头。乌云好像在挤天空公交车，它们不停地相互摩擦，流下的汗水如一盆水笔直地倒了下来。

然而，放学后的景象却打破了这悲伤的颂曲。

一群放学的孩子，放下书包，赤着头，冲进雨中，他们踩过的地方，溅起一片片透明的梨花，他们奔跑着，仿佛是小鸟获得了自由。

雨越下越大，大得都看得见那雨点，这些"雨叶"，合在一起，变成了"雨林"。

接着更多同学冲进了雨林，他们追逐着，时不时溅起一大朵白色梨花，操场上一片欢笑。

这场"大祸"就这样被这群孩子转悲为欢。

带着孩子去旅行

孩子还在我肚子里时,我就憧憬着以后带着她满世界跑,登长城,走大漠,畅游古迹,在天地间共长智慧,在山水间滋养亲情。

如我所愿,孩子从四岁起就随我出省,回福建和扬州老家,听乡音见乡亲,孩子一下子像长大了不少。

从此,我更是恪守"读万卷书,行万里路"的古训,利用假期带孩子旅行。三亚踏浪,北京访古,云南猎奇,今年更是把她带到江南和粤港游玩了一大圈,足足一个月。

带着孩子旅游的好处数不胜数,拓展视野、放松身心是大家都知道的,然而旅游更可以历练孩子的意志和韧性,提升他们的时间观念(火车飞机可不等人),旅游还是最浪漫、惬意的亲子时间。

带着孩子去旅行其实大有讲究。我国著名的儿童文学作家班马还为此专门写了一本小册子,我读后深有同感。

我以为带孩子旅行应该在合适的年龄到合适的地方,不宜过早。像这次在迪士尼,由于女儿看过不少动画片,对每一个主题区都感到熟悉而亲切,所以她玩得特别尽兴。但好些两三岁的孩子,只能玩玩水和一些简单的游戏项目,有的居然在最精彩的演出时呼呼大睡。年龄越小,越不宜去寻幽探古,倒是海边、河滩最适宜他们。女儿五岁去北京,对天坛和故宫极不感兴趣,唯一有印象的就是科技馆。当然那次是因为我去开会，顺便把她带上，定位不在文化旅游，倒是每晚我的朋友聚会让她接触到了各色人等，在与人交流的过程中长了见识，练了胆。我们在北京最大的收获就是见到了曹文轩，和这位著名的儿童文学作家在北大合了一张影。我想，过几年她可以看懂曹文轩的小说时，再看看这张照片，定会有别样的感觉吧。

与教材相配合来安排旅游地也是一种方法。小学语文教材里选有大量的写景抒情文和游记，涉及的地方有古都北京、桂林、千岛湖、鸟的天堂所在地广东省、海宁潮、黄山等，家长可以提前让孩子实地游玩，学习课文时感受就更亲切、真实了。

旅行前要有充分的精神准备和物质准备。我每次的出行都做了大量的功课。10年前只身去西藏前，我到图书馆借的西藏历史佛教文化的书不下30本，看了足足两年，回来接着看，所以在游历西藏后才能够发表好几篇游记散文。去文化底蕴深厚的地方都应如此，否则去了也是白去。我就因此被导师骂过。记得当年读研究生时，导师问我到岳阳楼上是否注意到"虫二"两字，又问我可知其中妙义。见我一脸迷茫，导师瞪我一眼，轻嘲道："没有文化，去了等于白去。"打那以后，每到一处，我都会先查询大量的资料，做到有备而来。这次在西湖的一座小岛上，我又看到了"虫二"两字，再眺望迷人的西子湖，终于领略到了"风月无边"的境界。

带孩子旅行更是如此。以今年的旅行为例，女儿已经到了可以看懂地图的年龄，我就把此次行程的目的地一一圈出，让她对方位和路线做到心中有数。携程网上对景点的介绍，我也挑了些简单的让她阅读，由于女儿识字不多，我就给她讲西湖的各种传说，岳飞的故事，济公的故事，江南的园林，上海的繁华，多少给她打了些底，让她对这趟旅行充满了向往。物质上的准备我相信细心的妈妈不会疏漏，除了衣服、零食、药品外，我这里特别再提几样：玩具，相机，书。玩具一定要轻便，旅途漫长，一个益智玩具如七巧板、几块乐高积木足以让孩子打发时间，不至于老缠着家长。如果要去沙滩的话，一定要带塑料小铲和小水桶，孩子会玩兴倍增。六七岁的孩子就可以学着照相了，给孩子配一个傻瓜数码相机，让他自己选景拍摄，或给父母拍照，他会很有成就感。这对孩子的观察力、审美能力都有好处。懂行的家长还可以适时点拨，相信孩子的照相技术会有快速提高。书不要多带，带多了就成了负担，一两本足矣，在路途中或入睡前看书是很惬意的，主要是让孩子保持一种阅读的感觉。可以为孩子准备一个小小旅行背包，专门装他自己的物品，自己管理自己背，还能锻炼责任心呢。

带孩子旅行，父母要有一颗童心，和孩子一同逐浪，一起捉蝉，寻找奇怪的生物，坐过山车时一起尖叫。这时的父母不再是平时那个板着脸检查作业的家长，而是孩子最好的玩伴，这难得的亲子时光会滋养两代人的幸福感觉，而且余味无穷。

带孩子旅行，不要错过情商教育，从帮助他人中获取快乐。在扬州老家，尽管语言不通，女儿也会耐心地倾听九十岁的祖婆婆说话，她知道老人需要陪伴。在金茂大厦第八十八层，有个空中邮局，尽管价格偏贵，女儿再三权衡后还是决定给班主任老师寄一张明信片。学会尊重和表达情感，是孩子这趟旅行中的重要一课。

带孩子旅行，家长要当"百事通"。这一路走来，孩子看到了许多课本以外的稀奇东西，脑子里的问题一大堆。这时，你就是可以说话的百科辞典。你得告诉他太湖的蓝藻是怎么回事，磁悬浮列车为什么可以浮起来，水母的嘴和屁股在哪里。回答不了也没有关系，让孩子带着疑问回家查资料找答案。你想这一趟走下来，孩子要增长多少见识啊！

所以带孩子旅行，我从来不吝惜时间。让孩子在天地间吸取精华，增长智慧，远胜过猫在家里做作业、弹琴、背单词。这趟旅游，说不辛苦是假的，孩子真切地感受了江南出梅后的潮热、赶路的辛苦，却也品味了苏州园林的雅致、淮扬菜的美味、西冲海边冲浪的乐趣、迪士尼的幻妙。在我的"威逼利诱"下，七岁的女儿把这些感受写成了旅游日记《江南的小巷》《热》《坐磁悬浮列车》《捉蝉记》《游迪士尼乐园》《月亮和我捉迷藏》等。

游历了近一个月，我们全家带着沉甸甸的收获回家了。看看女儿，个子长高了，皮肤晒黑了，眼里多了几分明澈，我知道，这次旅行的目的达到了。下一站是哪里呢？我又开始了新的酝酿……

（本文写于2008年9月）

苹果老师的叮咛

- 素材在哪里？生活是一座巨大的题材宝库，风雨雷电、街头一景尽可成为备选之素材。聆听孩子的故事，也会发现好多原料。

- 什么是好的选材？小事，亲历，新鲜独特。

- 孩子不是生来就会选材，而是需要长期的训练，家长在其间扮演着无法替代的重要角色。

- 让孩子准备一个小小的选材本，及时记录有价值的素材，并定期评选最佳选材。长此以往，孩子会练就一双火眼金睛，好的素材一个都别想溜走！

肆 提笔前的重要节点
——写作从这里出发

家长最想知道

- 告诉了孩子该写什么，他还是下不了笔，不知道从何写起，怎么办？
- 孩子写作文动辄一两个小时，怎样让他速度加快？
- 可以让孩子进行仿写练习吗？仿写算不算抄袭？

1. 写作从"说"开始

很多朋友问我，你家孩子是几岁开始学习作文的。我的回答是两岁。如果你感到惊讶的话，一定是对写作的界定出现了偏差。对于孩子来讲，作文不一定有头有尾，字数足够长。它可能就是一两句话，或者是一个小小的片段。

篇章由段落组成，段落由句子组成，句子又由一个个词语组成。如果连词句都连不好，何谈一篇文章的文从字顺、表情达意。

女儿说话很晚，一岁八个月才会说简单的词语。但此前我已经不断地给她"输入"了很多规范的甚至有文采的词汇。一次我们开车出门，遇到大雾，女儿指着前方说："雾——白的——雾。"我赶忙补充说："是的，是白茫茫的雾，白茫茫的一片，都看不清路了。"我不断地重复"白茫茫"这个词以加深她的印象。有了大量的语感积淀，女儿刚满两岁，语言能力就突飞猛进，居然一张嘴就是一句话了，甚至是比喻句。她两岁一个月时，一次指着屋后的鱼池说："小鱼游来游去……像飞机。"

到了两三岁，我开始让女儿看图说话。当时家里订阅了《父母必读》杂志，每一期后面都会有一些小朋友的画作。我会有意识地选择一幅让孩子来说说。刚开始，她说得很简单，我会在一旁提问，促使她不断补充描述的内容。到后来，她说得越来越细致，而且还有了一点文采。

会说自然会写，说和写都是表达，前者是口语表达，后者是文字表达。尽管大脑用不同的区块来管辖说和写的能力，但我始终认为对于小孩子来讲，这二者通过训练很容易打通。让孩子先说后写，对于改善作文刚起步的孩子下笔难的问题特别有效。

女儿学习写作的头一年，作文都是这样辅导出来的。一年级，她还不太会写字，我就让她说，我来记。记录完了，让她自己边读边改，增强语感。这个时期，不必告诉她什么叫谋篇布局、详略分明，过多的要求只会禁锢孩子表达的欲望。她想说什么，就记录什么。我的要求就是每一个句子能表达通顺。

这是女儿上小学一年级的第一篇日记——

愉快的一天

11月15日　星期四　天气：多云

今天，老师带我们去人民公园看美丽的菊花。公园里的菊花真多呀，菊花的花瓣有的像豆芽，有的像镰刀，有的像头发，还有的像传说中龙的胡须。

颜色也很美很多，红的红，黄的黄。

老师带着我们做大西瓜小西瓜的游戏，比错姿势的就要被罚念儿歌或讲笑话。我其实好想上去给大家讲笑话，但我听得很认真，所以一直都没有比错手势。到后来我就故意比错，可没有一个人发现我错了，我还是没有讲成笑话。

但有一件事逗乐了妈妈。今天早上我戴着亲手制作的拼音帽子到学校集合时，博翔指着我的帽子笑，说我的帽子好高，其他同学也在议论我的帽子。我很不服气：帽子高点又怎么了？鹿角还高呢，长颈鹿的脖子更高，你们怎么不笑呢？妈妈听了我的抱怨，哈哈大笑起来。

我到现在都还能回想起当时女儿跟我讲话的神情，可爱极了。她讲了一大通后，我让她把这些零零碎碎的事情整理一下，当个小作家，"写"一篇作文，妈妈来记录。见我很郑重其事地准备好了纸笔，很当回事的样子，她也受到了鼓舞，重新说了一遍，其间遇到卡壳的地方，我会用一个词帮她引一引，段落之间的过渡，我也会帮她搭个桥，写完后，我读一段，她改一段。就这样，完成了第一篇日记。

在这篇日记里，我鼓励的是女儿真实情感的表达，比如想被罚去讲笑话却没能如愿，帽子被同学嘲笑后的不服气等。这之后的许多年，我都一直鼓励女儿在作文中说真话。"我手写我心"不是一句口号，一年级的孩子在起步时就要定下这样的基调，写真实的想法，体验表达的畅快。

你也许会发现，女儿写的第一段似乎有指导的痕迹。因为一年级的孩子应该不会有意识地去描写菊花。但这几句还真是出自女儿之口，我想，这和她在幼儿园时期大量的口语训练，尤其是看图说话带给她的营养是分不开的。

除了看图说话，我还会让女儿进行"话题口头作文"。就是给她一个话题，让她围绕这个话题说一段话，比如"我的奶奶""昨天的梦"。在我的育儿日记里记录了不少孩子当时的话语,经常是前言不搭后语,开头在说奶奶,说着说着就跑到外婆那儿去了,现在看起来令人捧腹。可是,这招很管用,孩子的口头表达能力提升很快。我还会让孩子做故事接龙的游戏,我起个头,她接着往下编,编不下去了,我巧妙地把情节一转,她又接着编下去。故事接龙对于训练孩子的思维力、想象力、表达力都很有效。操作起来也很简单,你随便想个开头,比如"今天早上,毛毛发现家门口有一篮子鸡蛋"。或者,你用一篇童话的开头也行。孩子对故事接龙的游戏很感兴趣,如果有几个孩子一起参与,他们会暗暗比赛,也会互相启发,兴致会更高。

由于长期玩故事接龙的游戏,孩子上幼儿园中班时就已经很会编故事了,经常被请到别的班"走穴",被誉为"故事大王"。上小学后写想象作文,她也得心应手。她的成长过程也印证了"听—说—写"的语感培养路径是正确的。

即便是孩子到了二、三年级,会写不少字了,也要坚持先说再写。为什么呢?因为孩子还不太会拟提纲,后文我会讲到中高段的孩子可以借助提纲来提升写作速度和品质。但对于低段孩子来讲,他们还没有这个提炼和规划能力。所以,通常他们写出来的作文不是文不对题就是口水话连篇。这个时期,家长的辅助非常重要。我们在认可了孩子的选材后,可以简单地帮助孩子搭个框架,告诉她可以先写什么,再写什么,然后一定让孩子把想写的说一次,中途不要打断他。说的时候,孩子其实就在努力地筛选事情的主干和枝丫,规范自己的表达。等孩子说完以后,你可以提供一些建议,比如哪个地方可以删减,哪个词语可以再换一种表达。有了这个过程,孩子下笔就会轻松很多,也许他写的和刚才说的有一定的差距,但你会发现他整篇文章行文流畅,篇章布局都显得不盲目了。

所以,我在女儿一、二年级时坚持"不说一次不提笔"的写作原则。这相当于每一篇作文都事先预演了一次,这样指导起来就省心多了。

这是女儿在一年级下期的一篇日记——

小鱼吃食

我们家有一群可爱的小鱼,有三条身披金黄色的外套,还有两条穿着花衣裳。它们的尾巴有的像丝绸一样,有的像扇子一样。

它们可贪吃了,我一走到鱼缸面前,它们的嘴巴就会一张一张的,好像在说:"小主人,小主人,快快给我们喂点儿鱼食吧!"我抓了一把鱼食丢在一个角落里头,小鱼们看见了,一拥而上。抢着抢着鱼食就漂走了,小鱼们不停地追着,不时地啄着成片的鱼食。

它们可真贪吃啊!

起初女儿在说的时候,既没有描写鱼儿的样子,也说不清楚小鱼怎么吃食的。我就让她重新撒了些鱼食,再仔细观察观察,她一边看一边说小鱼抢食的样子,就不那么空洞了。我又建议她可以先写写鱼儿的漂亮模样,增加些文采,她又试着说了一次。这样一来,孩子不到半个小时就完成了这篇习作,后来发表在《创新作文》上。

需要强调的是,孩子说、家长记的方式仅限于帮助识字不多的学龄前或一年级上期的孩子,有些低年级学生的家长会在孩子说后帮着记录下来,再让孩子抄写一次,这种做法不可取。因为从说到写的过程就是一个从口头语到书面语的转化过程,需要孩子自己练习,哪怕他写得再慢,再差,也是在自己实践,家长千万不可越俎代庖,剥夺孩子练习的机会。

尝到了先说再写的甜头,我在指导女儿细节描写时也采用了这个方法。有一阵子,我发现女儿写作速度很慢,而且经常词不达意。其实这二者是同一个问题。速度慢,是因为表达受阻,心里明白,不知怎么用文学语言书写,才会词不达意。要想解决这个问题,唯一的途径就是练习。而当时我采用的方式是利用身边的素材让她进行口头练习。比如这道菜好吃，怎么好吃，味道怎样；冬天的树像什么，和夏天的有什么不同；那个骑电瓶车的人为什么好笑，他的动作是怎样的；妈妈被淋成落汤鸡是什么样子……多次利用眼前的素材"逼"着她说片段，为的就是培养语感，打通表达之门。在学校的教学中，我也安排了这类的训练，成效显著——

例文1：

火锅（片段）

罗彧

放眼望去，雪白的鹅肠、粉红鲜嫩的脆皮肠、黑亮亮的毛肚……满桌的菜品让我垂涎欲滴。我一个劲儿地看锅面，终于，一个小泡冲了上来，接着，越来越多的泡泡冒出锅面，终于开锅了！

我迫不及待地把最喜欢的鳝鱼倒进锅里，不等鳝鱼全熟就把它夹了起来，可它光滑的身子却和我的筷子作对，刚夹到碗边，就"哧溜"一声掉进了碗里，溅了我一脸油，呀！好烫！又嫩又滑的鳝鱼在嘴里翻腾着，热气在嘴里荡漾。等鳝鱼凉了，我开始细细品味，虽然舌头已经被烫麻木了，但鳝鱼独特的香味依然溢满了嘴，就连花椒的麻也被弱化了，这样的鲜香麻辣，实在是回味无穷……

例文2：

糖醋排骨（片段）

刘明瑞

这份糖醋排骨盛在玉一般的盘子里，像一件艺术品。那淋在上面的特制的甜酱泛着油亮亮的光芒，那排骨的香味不断刺激着我的味蕾，我的口水比以往都多。夹起一块，甜酱慢慢从上面滴落下来，细小的蒜末却还顽强地附在上面。放进嘴里,一股甜酸味漫延开来,轻轻地咬一下,软软的、嫩嫩的、滑滑的,同时尝到一股特有的清香,引得我食欲大发。把肉啃完后,光滑的骨头"哧溜"一声就滑了出来,我又迫不及待地把筷子伸向第二块。

例文3:

辣(片段)

文睿姝

晶莹剔透的小米辣刚入口,一股热辣辣的感觉便从舌尖油然而生,并飞速地向整个口腔漫延。此时我脑中只有一个念头:完了,这下要被辣死了。嘴里很快像着了火一般又热又麻,我张大嘴巴,使出吃奶的力气拼命吸着气,同时一手探向身前的水杯,一手拼命在嘴前扇气。一杯水灌下肚,口中那热麻的味道却仍旧挥之不去。

2. 写作从"问"开始

孩子到了四五年级,就不一定每篇习作都让他口述一次了。这个时候,家长要做的辅助变成了提问。在孩子落笔前,你的问题会让他思考得更周全。

我觉得最有价值的问题通常有这几个:写什么(选材)?为什么写(判断选材的优劣)?细节点在哪里(详略安排)?怎么细写(描写手法)?想表现什么(文章主题)?怎么安排你的段落(文章结构)?

上述提问基本涵盖了作文的基本元素。起初是家长问,慢慢的孩子要学会自己问自己。能回答好这几个问题,对作文的全局把握就基本没什么问题了,至少他心中是有数的。

以女儿四年级下期的一篇作文为例:

那眼神

眼神，有很多种，有悲伤，有快乐，有失望，也有鼓励……眼神，是心灵外在的一个传送口。比如轻视，就可以从轻蔑的眼神中"传送"出来。

话说上周星期三，国学课下课后，我就收到了一个轻蔑的眼神。那是个瘦高瘦高的阿姨。开始，我顺着人流往电梯口移动，就在这时，那位阿姨横插进来，她扬起下巴，挺起丰满的胸部，一副趾高气扬的样子。她嫌弃地用指尖拨开了这些放了学的学生们，犹如走在树林里拨开挡路的树枝一般。大家似乎很不满意她的行为，不等她过去，就如潮水一般又涌了回来。可那位阿姨一把把他们推了回去。她走到我面前，我死也不让，不料却受到了她的高级待遇：一个轻蔑的眼神，和嘴角不易察觉的嘲笑，外加两下推搡。我心中压抑的怒火爆发了，她从我背后经过时，我冲着她的背影比画几下打她的动作，仿佛这样才能释放我的怒气。

其实，我也用轻蔑的眼神看过别人。那是在一个十字路口，有一个送水工正骑着三轮车向我们这边过来。他黑黑的，有些胖，但很敦实，正在用他浑厚有力的破锣嗓子唱歌。他不太会发音，听起来总有些搞笑。突然，他边唱边转过头来，望着另一个小男孩，还冲他耸了耸眉毛。我以为那送水工是小男孩的爸爸，可看到男孩莫名其妙地盯着他，才明白他们俩不是父子。过了一两分钟，他又边唱边冲我耸了耸眉头，让我认定他是个怪人。就在他回头的那一霎，我轻蔑地瞟了他一眼。但过了一会儿，我突然认识到我错了。那个送水工，他的歌声是发泄他内心喜忧的途径，也许，他没成家，没孩子，他却希望拥有这些美好的东西。如果他看到了我对他的眼神，会怎么想？他一定会认为我欺负他是个无名小卒，小看他是个送水工。我多么后悔，真希望能够对他说声对不起。

这种眼神，你一旦投去，犹如把一支冷箭射向别人，会伤害到他人的。

所以，让我们多给别人一些温暖的眼神，少一些冷漠和轻视。

下面是在女儿提笔前我们的讨论——

母：你准备写什么呢？

女：我想写在国学班遇到的一位讨厌的阿姨，她很霸道，非要插位，我不让她，她还轻蔑地瞪我一眼。

母：为什么想写这件事情？你觉得这篇选材有价值吗？

女：有啊！正好老师让我们写有关眼睛的作文，我就写那位阿姨的眼神，它让我好不舒服。还有，我觉得这篇文章容易写出细节来。

母：哦，那你说说细节点在哪里？

女：就是阿姨使劲往电梯里挤的时候的动作。

母：是什么动作啊？

女：她就是使劲地往里面挤，横着进来，这样这样——（女儿模仿阿姨的动作）

母：你写的时候可不能比画动作啊，你得用文字描写出来。你看看，阿姨使劲往里面挤，她的手怎么动的，神态又是怎样的，旁人有没有反应？还有，你写她横着进来，读者又没有到你们学校去过，并不清楚横竖的方位关系，你得表达清楚。

女：（又重新描写了阿姨挤进电梯的细节）

母：那你这篇作文想表现什么？

女：我想表现那位阿姨真讨厌。

母：这的确是你的真实感受，不过这样写，完全就是一篇发泄文章，没有深意。你再想想，阿姨的眼神让你感受到了什么？

女：很不舒服，她的眼神是轻蔑的那种。

母：对啊，眼神有很多种，有的很温暖，有的很伤人。

女：我明白了，我就写不要对旁人投射伤人的眼神，这样会让人很难受。

母：这个立意不错，但如果要表现这个主题的话，你只用一个例子就显得单薄了。还能不能再想一个例子呢？

女：我有一次也用了这种眼神，因为我看到一位送水工叔叔表情很奇怪，我觉得他又土又傻，就轻蔑地看了他一眼……

母：能够联系到自己的实例，很好，这个可以作为一段插叙，一个回忆，为的就是表现你今天的主题——注意自己的眼神，要多一些温暖，少一些冷漠。那么，你准备如何安排你的段落呢？

女：我准备总写眼神有很多种，再具体地写阿姨挤电梯这件事，然后简单地写我轻蔑地看送水工的事，最后总结。

母：不错，详略分明，结构很清晰，开头结尾很重要，你得想好后再下笔哟。

如果每一篇作文在写之前都能有这样的提问讨论，孩子写作就不会漫无目的、走走停停了。

目前国内的中小学校大多是50人左右的大班，写作课上，老师根本无暇顾及每一个孩子的选材和结构。一旦孩子选材失误或考虑不周，整篇习作就失败了。如果我们家长能够陪伴孩子走过写作的最初阶段，与他们充分对话和互动，让孩子享受一对一的教育，效果就完全不一样了。难怪有人说，孩子之间的竞争就是一个个家庭之间的竞争。

把话题拉回来。有些时候，孩子选好了题材，但是对于需要重点刻画的地方还无法深化下去，父母可以采用追问的方法帮助孩子唤醒记忆，关注更多的细节，还能帮他串起思路。

比如，孩子要写春节放鞭炮的事情，我们可以提出以下的问题：

当时放了哪些烟花爆竹？印象最深刻的是放哪一种？

你怎么放的？害怕吗？

有没有人来帮忙？或者有没有人在一旁观看？他们的语言、动作是什么？

第一次失败后，你是怎么想的？有没有想到更好的方法来放？

爆竹突然爆了，你吓坏了吧？回想当时的感受。

当你把魔术弹放上天空时，高兴吗？你看到的烟花是怎样的？你是朝着一个方向放的吗？有没有变换玩法？

其他人放的烟花好看吗？

……

追问的前提是倾听，目的是唤醒细节记忆，顺着孩子的思路来问，我们可以通过提问来引导他的回忆路径，但不可强势渗透家长的意志，我们认为是重点的地方，在孩子的经历中不见得就是。所以，上述例子仅仅是个参考，在实际的动笔前讨论中还需要家长不断调整对话和提问的方式。

3. 写作从提纲开始

动笔前的五分钟——如何拟提纲

孩子写作速度慢，一方面跟他的语言表达能力欠佳有关，另一方面是因为他在写作前缺乏一个整体的架构。材料一大堆，怎么安排，这是谋篇布局的问题。

前面我提到的，从让孩子先说，到家长不断地提问，都是在潜移默化地教会孩子架构文章。到了中高年级，孩子有了一定的基础，就可以教会他拟提纲的方法。

建筑工人修房子之前，得先看设计师的图纸，地基怎么挖，楼要修多高，大门开几个，外墙砖怎么贴。如果没有提前规划，想到哪里盖到哪里，是不可能把房子盖好的。我们做事就是要讲究个条理。我受到一本教人如何高效做事的书的启发，每天早上先安排好当日要事及顺序，然后一件件完成，一整天可以做不少事情呢。其实这些都是规划，提纲就是对写作材料的规划。

写作不是随性而为，篇章布局得好好谋划，如何裁剪需认真考量。我跟学生讲，动笔前的五分钟是黄金时间，这是一个构思的过程，整篇作文的成败就仰仗这五分钟了。所谓"磨刀不误砍柴工"，即便是时间非常紧张的选拔性考试，也一定要留够这个时间，千万不要提笔就写。这五分钟做什么？读题、审题、剖题、选材、构思、拟提纲。依照提纲来写，我们的笔仿佛要驯服一些了，不至于写写停停，离题万里，更不至于涂涂抹抹，影响卷面。

我最早尝到写作提纲的好处是十几年前的一次写稿经历。当时我利用假期前往理塘采访一个牧区医生培训项目的进展情况，这是我的两位台湾朋友发起的慈善项目，他们埋头做了五年，成效显著。五天的采访非常饱满，我记录了大量的案例。返回的路上，我就在构思怎样架构这篇文章。我收集的资料厚厚一本，如何取舍是件头疼的事情。我先把这些案例做了梳理，哪些详写哪些一笔带过，哪些干脆放弃，我一一写在了稿纸上，然后开始构思布局，准备先具体写两位乡村医生的一天，再插叙这个项目的缘起，最后用镜头的方式把一些小的感人案例串起来，抒情结尾。有了这样一个提纲，我居然只用了两个多小时就写出了一篇四千字的稿件，后来《成都晚报》用了一个整版刊载了这篇文章。如果没有事前的构思，我是很难驾驭这么多材料的。在以后的写作实践中，我更加依赖提纲。我也对五年级的女儿提出要求，不拟提纲不作文。

所谓提纲，就是这篇作文的框架。

拟定提纲，可谓选好写作材料后最重要的一项工作。我们通常称之为谋篇布局，这也是一种非常重要的能力。有些著名导演、著名作家的作品之所以吸引人，也许并不完全是他们的拍摄技巧或文笔有多么出众，而在于他们讲故事的能力很强。他们能把一个极其普通的故事通过巧妙的架构讲得栩栩如生。从某种程度上讲，布局能力就反映了作者讲故事的技巧。相同的选材，结构安排的巧与拙，呈现出来的效果完全不同。难怪台湾公布的中考作文评分标准中，结构组织（即文章的架构）的比重高达40%。

我们在指导孩子架构作文时，可以让孩子先谈谈自己的想法，然后让其做一个梳理，列出一些可行的可以借鉴的架构方式，再让孩子根据自己的偏好选用最好的结构。

案例一：

挨　打

在本书第一章，我们展示了刘仕阳同学写的《挨打》。他采用的是倒叙式的结构方式。这样容易造成一种悬疑感。除了倒叙，我们还可以采用传统的顺叙式，也可以学着使用插叙、补叙的方法来推动情节的发展。有一个孩子很有创意，她采用的是小标题的方式，类似镜头转换，把妈妈打的动作、"我"躲闪的动作聚焦、放大，在对话中交代清楚事情的由来，很有漫画感。我们不妨用同一个故事让孩子用不同的方式来架构材料，以此来训练孩子谋篇布局的能力。

案例二：

镜湖春色

这是一篇写景的文章。很多孩子容易写成程式化的写景文，先总写来到镜湖看春色，再分写几种有代表性的花木，最后赞美抒情。这样的文章不亮眼，总会淹没在众多同类作文中，吸引不了阅卷老师的眼球。我们要让孩子明白，即便是一篇写景文，也有不同的架构方式，与众不同的构思会让自己的作品立马突显水准。比如，按照地点转移顺序的移步换景式，各段并列的散文式，还可以写成与各种树木对话的问答式。总之，独特的结构会制造出不一样的表达效果。

提纲包含三个部分：一是文章题目，二是文章中心，三是材料安排。第三点最重要，文章先写什么后写什么都要事先拟定好，材料的取舍剪裁、详略安排都要涉及。通常来说，孩子能较好地安排详略，但不太懂得取舍，有些材料虽然精彩，但与中心无关，要舍得割爱。我女儿在这方面就显得"贪心"，什么都不想放弃，什么都写进文中，反倒冲淡了主题。父母如果发现孩子有这方面的问题，一定要及时纠正。

以女儿写的《那眼神》为例，提纲是这样拟的——

文章题目：那眼神

文章中心：有些眼神很伤人，我们的眼神应该多一些温暖，少一些冷漠和轻蔑。

材料安排：

第一段：眼神有很多种，引出轻视的眼神。

第二段：一位阿姨要蛮横地挤进电梯，我不让她，她就给了我一个轻蔑的眼神。（详写）

第三段：我有一次也用这种眼神看过一位送水工叔叔，写我的一些联想。（次详）

第四段：点明中心，我们要注意自己的眼神，多一些温暖，少一点冷漠。

刚开始，孩子们都不太会写提纲，几乎每个提纲都写得很笼统，没有操作性。

以管建刚老师的一堂作文课为例，我们来看看两种提纲的对比：

《我的瀑布之旅》

A 提纲	B 提纲
1. 事情的起因。 2. 事情的经过。 3. 事情的结果。	1. 周六，去翡翠瀑布"探险"。 2. 脚伸入瀑布，好冷。 3. 适应了，挺舒服的。 4. 好滑，差点摔倒，不想爬了。 5. 成功地跨了几个石坑，欣喜。 6. 水遮住眼睛，看不清。 7. 幸亏身后有人扶一把。 8. 终于爬上了瀑布顶端。

A、B两个提纲的对比可能有些极端，但事实上，很多没有受过写作训练的孩子写出来的提纲多半像A提纲这样笼统，对后面的写作没有任何辅助价值。所以孩子需要加强提纲练习，我们要告诉孩子，提纲中的材料安排这一板块，可以用段意式、标题式、图表式等不同的方式。

●段意式提纲——把每一层的意思用段落大意的形式排列出来。如小学五年级下册课文《再见了，亲人》：

第一段：一位老大娘带领全村妇女，冒着炮火，送打糕到阵地，为抢救志愿军伤员而失去了自己唯一的亲人。

第二段：小金花的妈妈为了救出志愿军老王，与敌人同归于尽。

第三段：朝鲜大嫂为志愿军挖野菜，被炸成残疾。

●图表式提纲——用图表的方式列出要写的内容，让人一目了然。如小学五年级上册课文《牛与鹅》：

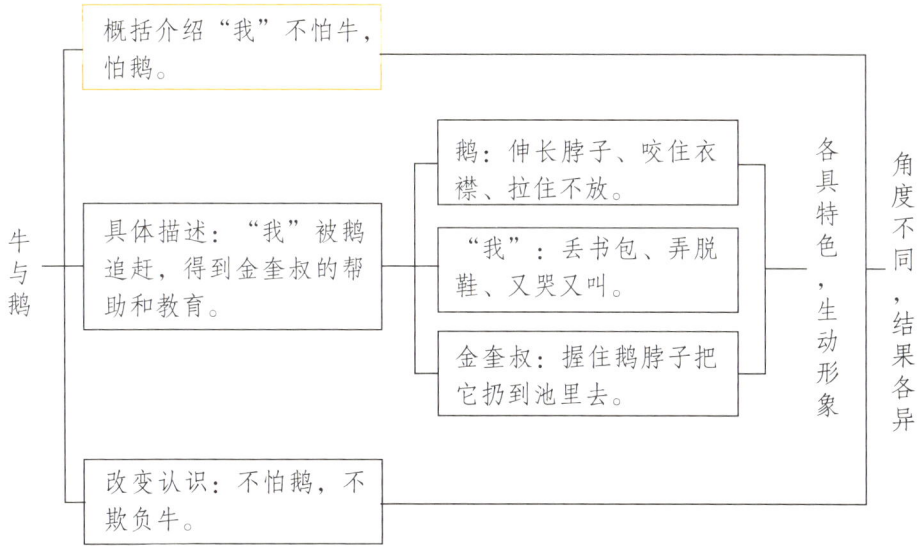

●标题式提纲——每部分内容用较少的几个字列成标题，如《望月》：

家长可以有意识地拿一些作文题专门训练孩子拟提纲的能力，比如同样的素材，看看用不同的结构来呈现，是不是有不一样的效果。养成"不拟提纲不作文"的习惯，孩子的写作速度会加快不少。

动笔后的头五分钟——如何写开头

写作的另一个黄金时间，就是开始动笔后的头五分钟。万事开头难。孩子有时候慢就慢在入笔太慢。真的进入正题了，他的速度自然就快了。我观察过班里的孩子，他们通常会在文章开头耗费近十分钟，但正文其实十五分钟就搞定了。所以，让孩子掌握一些文章开头的方法是必要的。

人们常说"凤头引蝶，豹尾点彩"，所谓凤头，就是说开头要写得有姿有彩，像凤凰的头那样，有人说"好的开头等于成功的一半"，这些都说明了作文开头的重要。精彩的开头能一下子就打动读者的心。

开头有两忌，一忌平庸陈旧，开头老套，如："……不信的话，就听我给你讲讲吧……""有人喜欢……有人喜欢……，而我最喜欢……"或者"……想知道是什么样子吗，就跟我去看看吧……"这样老掉牙的开头要尽量避免。二忌冗长啰唆，开头要简洁，不然文章会显得头重脚轻，不合章法。

好莱坞的商业大片有个不成文的判断标准：如果头五分钟的内容无法吸引观众，这部电影一定失败。作文其实也是如此，能在头两行吸引读者眼球，促使其想继续看下去，这个头就算开好了。

这里先给家长简单介绍一下作文开头的相关知识。开头的方式多种多样，我来列举一些学生习作的开头：

开门见山式

气球，谁不熟悉，不过，你可别小看它哟，它里面装的可都是快乐呢！这不，我们正在进行吹气球比赛呢。（《吹气球比赛》）

场景式开头

"例二讲完了，现在讲例三：甲乙两地相距6千米……"整个教室里只听见唐老师讲题的声音和我们写字的沙沙声，"好了，你们自己做题吧。"话音刚落，周围像蒙上一层黑布一样，停电了！（《一堂被中断的奥数课》）

景物描写式开头

这是秋天的镜湖。湖中映着一座拱桥，湖水被风吹着，颤颤巍巍的，使水中世界不断发出生命的震颤。湖面上漂着星星点点的落叶，为镜湖增添了一缕凌乱之美，也增添了一丝秋意。（《秋》）

对话式开头

"切，我信了？我信你才怪呢！"小姨半开玩笑半认真地说道。"你怎么知道我不能考100分？你又不能知道我考的分数，何况我还没考哩！"我皱了皱眉头说。"好，好，你考100分我就给你买新文具，若考不到就要打屁屁的哟！"小姨不怀好意地说。我一脸不在乎："有什么大不了的，赌就赌，本姑娘偏要考个100分给你瞧瞧！"（《打赌》）

起因式开头

一天早晨，爷爷像往常一样要到花园里散步。出门之前，他下意识地摸了摸口袋，心里打了一下颤：我的手机呢？接着便翻箱倒柜地找了起来。（《找手机》）

直奔主题式开头

说起当班委的感受就是一个字："烦"。班里的一些同学老跟我作对，就因为他们不配合，总是唱反调，我的工作经常完成得不好，真是让人烦恼！（《当班委的烦恼》）

倒叙式开头

那天，我偶然发现了一个小盒子，十分精致，本以为那里面是什么稀世珍宝，可是当我迫不及待地打开它后才发现，那里面装的是一颗小小的白净的乳牙。一连串的问号过后，我终于打开了记忆的心扉。（《童年往事》）

设问式开头

你们知道2008年北京奥运会的吉祥物是什么吗？答对了，就是福娃。我的好朋友毛影波就有五个福娃中的一个。（《福娃风波》）

同一个话题的作文，可以有不同的开头方式，它们各有各的味道，精彩都不打折。以"捉"为例，这是一篇侧重描写动作的话题作文，可以写捉某种小动物，也可以写捕捉一些看不见摸不着的东西，如快乐、幸福等。这是我班上的学生现场作文的不同开头方式——

环境开头

烈日当空，火辣辣的太阳照在我们三个好朋友的身上。可当我们一进到山里，迎接我们的便是阵阵清风。（《捉螃蟹》）

场景式开头

"儿子，快来帮妈捉老鼠！"听到呼喊，我连忙跑到卫生间。妈妈兴奋地说："我终于找到这几只老鼠的老巢了！快，快把粘鼠板、口袋、长竿给我拿来！我要把它们捉拿归案！"（《人鼠大战》）

陈述式开头

九岁那年，爸爸去了西安，我和妈妈"相依为命"。本以为妈妈会因此更加疼爱我，可妈妈对我更加严格，动不动就发火。那段时间里，我认为自己已经失去了全部幸福。（《捕捉幸福》）

悬疑式开头

记得暑假的一天，我和爸爸去菜市场买菜。当我们满载而归的时候，一场"战争"慢慢向我们逼近……（《母鸡大追逐》）

猜谜开头

猜猜，小小的头，细细的尾巴，黑黑的身子……这是什么？对，是蝌蚪。春天的池塘，密密麻麻一大片小蝌蚪，我们大显身手的时候来了。（《捉蝌蚪记》）

起因式开头

最近我们家的食物总是有被咬过的痕迹。大家公认凶手是老鼠，只是苦了找不到"罪犯"的踪影。我们一家只好严加看管食物，同时搜捕"罪犯"。（《捉老鼠》）

我之所以要捉蝈蝈，是为了让我昨天捉的螳螂有"饭"吃。来到西部药业公司，那儿有一块草坪，是蝈蝈的聚集地。《捉蝈蝈》

平时在家训练，家长应该怎么辅导呢？我给几条建议：

※ 可以让孩子分析课文或者其他文章的开头方法，摘抄并仿写一些好的开头形式。

※ 拿出孩子的选材本，指定几个题材，让孩子只练习写开头。

※ 同一个选材，让孩子练习不同风格、不同形式的开头。

经过这样的专项训练，孩子入笔就会快许多，而且开头的方式也灵活多变。

开头的几分钟，一定不要打扰孩子。他一旦进入状态，下笔就会越发顺畅了。

4. 写作从模仿开始

模仿是一种能力，从牙牙学语到蹒跚学步，我们的成长过程都离不开模仿。学习也是一样，达·芬奇学画也是从模仿开始的，大家都听说过他画鸡蛋的故事。孩子学习写作从哪里开始？毫无疑问——模仿，先阅读后模仿，边阅读边模仿！

我有一位在社科院工作的教授朋友，他年轻的时候，"好大喜功"，写论文喜用很大的题目。有一次他参加了一个学术研讨会，发现他崇拜的一位学者研究了二十年中国现当代文论之后，仍说自己还无法概述其全貌，反倒是几个刚毕业的大学生滔滔不绝、侃侃而谈。他才发现从小处着眼的研究方法是多么严谨切实。从那以后，他泡在图书馆里，寻找自己喜爱的论文集，分析每一篇论文的切入点、开头、论述角度，并用心揣摩、模仿，慢慢地，他找到了一个适合自己的研究方法，写出了大量文质兼美、切中要害的文章。

很多孩子都喜欢阅读，可是会阅读的孩子并不多；有些孩子虽然读了不少书，一提笔写作文还是不知写什么好。那是因为孩子们光顾着看故事情节去了，对里面的一些表达方法、结构技巧没有细细品读，更谈不上模仿了。

我们读书，尤其是读好的文章，可不能白白放过这样的学习机会。光是表达和结构两方面，就有许多值得孩子模仿的地方。曾老怪在《作文有原理》这套书里面分析了不同版本的小学语文教材，其中最核心的理念就是从课文中模仿写作技巧。

表达的模仿

一个人的作文能力强不强，很大程度取决于他的文字表达能力强不强。老师经常说，写作文要生动具体。可是怎么写才生动具体呢？我们读的诗词文章早就告诉我们了。就拿比喻来说吧，二年级的孩子都会背贺知章的《咏柳》：

> 碧玉妆成一树高，
> 万条垂下绿丝绦。
> 不知细叶谁裁出？
> 二月春风似剪刀。

短短四行诗，用了多少个比喻？第一句，把柳树比作碧玉，第二句把柳条比作丝带。最妙的是最后一句，把二月春风比作剪刀。为什么这个最妙呢？你看，春风是无形的，剪刀是有形的，春风那么柔美，剪刀这么坚硬，诗人居然把两个风马牛不相及的东西安插在一起，把春风写得活灵活现，把剪刀写得充满柔情。我们也要学习这样的比喻。不要一说月亮就像镰刀，一说小弟弟的脸就像红苹果。就说柳丝吧，大多数孩子把它比作头发，太普通了。

怎样让我们的比喻也独到生动呢？模仿！我们的《语文》课本里其实有很多精妙的比喻。

书，被人们称为人类文明的"长生果。"

书籍是全世界的营养品。

——人教版五年级上册

雷阵雨来了，像有一千个侠客在天上吼叫，又像有一千个醉酒的诗人在云头吟咏。

——人教版六年级上册

秋天的雨是一把钥匙。它带着清凉和温柔，轻轻地、轻轻地，趁你没留意，把秋天的大门打开了。

——人教版三年级上册

有了比喻，我们的作文自然生动了许多。比喻靠的是观察和想象，想象无时不在。写比喻，没有好的想象力是不可能写出来的，这对我们的思维能力有很高的要求。在第六章我会继续探讨有关思维训练的话题。

对文章中的好的词汇也可以模仿着用，我说的好词不一定是华丽的辞藻，而是用得很新鲜、有味道的词语。曾老怪在他的书中就举了著名作家王安忆的一个用词案例，王安忆在《我们家的男子汉》中描写了弟弟第一次买东西的情景：他拿着一角钱走近柜台，有些胆怯，"我"提出要帮他，他又不肯，到了柜台前，又嘱咐"我"一句："你不要讲话哦！"可当着营业员的面，他一开口就忘了要买什么东西了，"我"终于忍不住帮他说出口："买一包山楂片。"首战失利的弟弟好久没说话，"潦草地吃着山楂片"。请特别注意句中"潦草"一词。我们用"潦草"，通常是指写字马虎不认真，很少把潦草用到吃东西上，可一旦用到本文，你便觉得这词用得非常新颖、传神。发现这样的妙词，不妨让孩子模仿着使用。我在课堂上试过，孩子思维很活跃，写出了不少有趣的句子，如"忙着看电视的弟弟潦草地洗了澡"，"我潦草地吃过早饭，就赶紧下楼和伙伴继续头天的探险了"。

在表达方面，孩子可以模仿的还有开头和结尾、过渡的方式等等。模仿是起步，没有模仿就没有后面的创新。在孩子学习写作的几个重要阶段，都不可忽视模仿的辅助效果。

结构的模仿

除了在表达手法上模仿，我们还可以在结构上进行模仿和借鉴。曾老怪特别分析了《小蝌蚪找妈妈》的结构——一次次地问和答。像这样的结构太多了，几乎每一册语文课本里都能找到。甚至在不同的体裁里也会用上这种结构。比如诗歌《水乡歌》：

水乡什么多？
水多。
千条渠，万条河，
池塘一个连一个，
处处绿水荡清波。

水乡什么多？
船多。
千只船，万只驳，
白帆片片像云朵，
飘满湖面飘满河。

水乡什么多？
歌多。
千首曲，万首歌，
装满一箩又一箩，
唱咱水乡新生活。

——《语文》苏教版二年级上册

家喻户晓的歌曲《春天在哪里》也是这种"一次次地问"的结构，孩子很容易模仿。我女儿模仿这样的结构写过两首童诗。

女儿习作（四年级）：

谁不喜欢排队

谁不喜欢排队

叶子不喜欢排队

每次从空中降落

都争先恐后跳下

谁不喜欢排队

牙齿不喜欢排队

每次杀米饭

都左摇右摆插队

谁不喜欢排队

我的字不喜欢排队

每次给笔打工

都急匆匆地上蹿下跳

谁不喜欢排队

鸟不喜欢排队

每次晨飞

都你推我搡一阵扑腾

女儿习作（二年级）：

我想要变什么好

我想变成一只小鸟，

不行，

猎人会打小鸟的。

我想变成一扇纱窗，

不行，

身子上全都是洞，难受死了。

我想变成地板，

不行，

这么多人要在我身上踩，多不舒服呀！

我想变成书柜，

不行，

每天背这么多书，太累了。

我想变成一支铅笔，

不行，

每天都要关在文具盒里，太闷了。

我想变成海浪，

哈哈，

正好合适，可以到处旅行！

当然模仿的程度可以逐步提升，就说模仿《小蝌蚪找妈妈》吧，最初可以写"×××找妈妈"的故事，如《小蚯蚓找妈妈》《小白兔找妈妈》《小蝴蝶找妈妈》，慢慢地父母可以引导孩子用这样的结构讲述"×××找×××"的故事，找的对象不一定是妈妈，可以是朋友、钥匙，或者是友谊、快乐等看不见的东西，这已经是挑战级别的模仿了。还有王者级别的，就是用这样的结构讲述任何思想内容的故事，如北京中考满分作文《收集阳光》就是用这一结构写成的。你看有了这样的模仿，不仅掌握了一种文章结构，还帮助我们拓宽了选材的思维，岂不是一举多得的好事？

学生熊子怡喜爱写作，有一次在课堂上阅读了作家张晓风的名篇《春之怀古》，觉得文笔很美。当时正值深秋，银杏黄了，她就写了一篇关于银杏的散文，从文笔中，多多少少能看出她对张晓风文笔的模仿。这是一次可贵的模仿，晓风先生的文笔优美，比喻奇绝，子怡在这样的模仿中，就是在磨炼自己遣词造句的能力，让语言更具表现力，这样的模仿，值得鼓励。

学生习作：

树之芳华

六年级　熊子怡

一场雨，斗急了一城的银杏。

终于，叶黄了，叶落了。

随着秋风的逝去，在一丝一寸的阳光下，它编织成了一种灿烂的颜色——金色，罩在身上，一树的金黄就这样星星点点地镶嵌在这座城市。

它来晚了，早该在金秋之季它就应让这城市焕然一新，可是它没有。在冬风一次又一次的催促下，它终于急了，黄了。晚了，并不代表它不美了。

冬风带着忧愁拂过银杏，总是会有那么些叶子也随它而落，带了些惋惜，飘飘然的，落到泥土中、草坪上。一片一片绣着金丝的小扇子散落在地上，等待着"淘金者"将它们发现。

至于所有的美，它交给风儿去寻；所有的金黄，已交给孩子们去追。

那一棵棵金黄的艺术品屹立在街道两旁，太阳柔和的光从天幕上投下来，射出一道道璀璨的光泽，使整个城市弥漫着这种颜色。阳光慢慢从旋开的树叶上走过，把银杏树下最为华丽的金色传递开来。一位小女孩不经意间回眸，在混凝土筑成的高楼的窗户，到一位乘飞机的人鸟瞰这城，一眼望去，金黄的一片。人们互相转告着，在手机的朋友圈中，一望无际的天空，葳蕤茂盛的森林，如玉般翠绿的河流，"没有比它更美的了！"人们这样说。

就在这一天——它犹如旌旗般鲜明，因为长期虔诚的企盼、祝祷而变得更加美丽。

树的芬芳与华丽，就这么诞生了。

穿越那灰色的天空，我想行于这金色梦境。

◯ 指导老师：蜻蜓老师

老师评语： 子怡是个细心的孩子，每节课上都会对自己作品的各种细节、修辞、用词精心雕琢。写作对于作者来说，也是一个金色的梦境，对文字的光影交错、色彩变幻、动静跳跃，不忘时时捕捉。

模仿是学习写作的重要一步，在模仿的基础上还要学会创新，最终形成自己的写作风格。关于创新思维训练，我会在后面的章节做进一步探讨。

教师课堂案例分享

记住三点，写出独一无二的开头

卜俊文

初到我作文班的孩子有时候会问我："老师，开头该怎么写？"不少家长也在问："什么样的开头才算是好开头？"这两个问题都很难简单几句话回答。其实，文章的开头没有固定的格式，没有统一的标准，只要我们能写出独一无二的开头，便算是好开头了。

我们先来看看这四个开头：

例一：每当走进书房，我都会看见那个老旧的变形金刚。只要我一抚摸到它，我那旧时的记忆就会被唤醒。

——五年级命题作文《一件值得记忆的物品》

例二：每当看到这个盒子，我就会想起幼儿园老师那浅浅的微笑，温柔的眼神，还有那一张张熟悉而陌生的面孔。

——五年级命题作文《一件值得记忆的物品》

例三：万圣节有鬼，我们班里也有"鬼"。我们班的"鬼"可多着呢，有机灵鬼、爱哭鬼、开心鬼、粘人鬼……

——五年级话题作文《班级闹"鬼"》

例四：在我们班上，从来不会叫你的真名，只会以"鬼"相称，比如说小气鬼、热心鬼、卖萌鬼……真是数不胜数啊！

——五年级话题作文《班级闹"鬼"》

以上四个开头，你有没有觉得似曾相识呢？我把例一和例二这样的开头称之为"每当式"开头，例三和例四称之为"列举式"开头。这样的开头的确常常出现在同学们的习作中。

你会发现，这样的开头只需稍作改变，便可以套用在不同的命题、半命题、话题作文当中。这样的开头不是独一无二的。

怎样才能写出独一无二的开头呢？至少应该做到以下几点：

1. 展示真实的环境或见闻。

2. 刻画真实的事、物。

3. 利用感官知觉写出感受：视觉、听觉、嗅觉、味觉、触觉和心理活动等。

我们可以通过三篇文章的开头来感受以上三点在习作中的运用：

例五：月亮散发出柔和的光芒，好似一层淡黄色的薄雾，舒缓地在地上流淌着，亦如轻纱般笼罩着大地！晚饭后，我和妈妈悠闲地在街头散步，愉快地交谈着……

——四年级话题作文《挨打》 作者：曾子桐

例六："叮叮当当"的响声不绝于耳，周围的行人也变得稀疏。眼前，一段新的桥被架起，一束钢管又"嘭"地倒了下来。地上的尘土与灰灰的水泥已经堆成一座小山。二环正向着它定好了的方向一点一点修着，而我还站在夜色中，不知该怎样回去。望望那凌乱的二环，我心中不免长叹一口气。

——五年级命题作文《点亮心中那盏灯》 作者：鲁思齐

例七：一个人走在操场上，余晖照在身上，头顶是被朱红色渲染的天空。太阳依然射出刺眼的光芒，我身边的一切事物都变成了金色。我眯着眼睛望着曾经的跑道，现在已被铁锹挖得坑坑洼洼，偶尔还夹杂着一些枯草的根系，完全没有往日的辉煌。我的心中不禁生出一分不舍与留恋。

——六年级半命题作文《昨天的_____》 作者：王紫烟

这一组开头和前面的一组开头一对比，你就明白什么叫作独一无二了吧？这样的开头更具文学性。不信，你看著名作家林海音的《窃读记》就是运用这样的方法写的开头：

转过街角，看见三阳春的冲天招牌，闻见炒菜的香味，听见锅勺敲打的声音，我松了一口气，放慢了脚步。下课从学校急急赶到这里，身上已经汗涔涔的，总算到达目的地——目的地可不是三阳春，而是紧邻它的一家书店。

独一无二的开头，你会写了吗？记住文中说的这三点，多阅读，勤练笔，你的开头也会与众不同哟！

苹果老师的叮咛

😊 找对方法太重要了。很多时候，成功的人是赢在方法上。举个简单的例子，墨汁沾在衣服上了，着急没用，自责没用，拿着肥皂使劲搓也没用，如果加几粒米饭和着肥皂搓，轻而易举就可以把墨渍洗掉了。无论是生活还是学习，都有巧法。方法用得对，就不会费大力气，就能使巧劲儿走捷径。

😊 对于刚起步的孩子，写作从说开始，会说慢慢就会写了。尤其是一、二年级的孩子，一定让他先把要写的口述一遍，在这个过程中梳理条理，规范书面语言的表达方式，取舍和筛选。至于后面的学写提纲、练习开头方法、学习模仿，都是一种提升写作能力的方法。当孩子下笔前已胸有成竹，对文章结构已了然于心时，写作速度自然就提起来了。

伍 让每篇习作都盛开细节之花
——把作文变生动的法宝

家长最想知道

- 孩子作文总是写不长，写不生动，该怎么辅导他？
- 怎样培养孩子的观察力？
- 训练孩子细节描写有哪些方法？

1. 培养孩子的细节意识

作文刚起步的孩子最头疼的就是作文的字数。老师有规定，必须得写两三百字，怎么办呢？于是你会看到一些有趣的现象，孩子一边数数一边写，把字数凑够了事。可怜的孩子不仅要面对老师的施压，还可能疲于应付父母的"无理要求"——不能只写一页纸，必须得翻篇。

没有相应的指导，仅仅对字数做出要求，带来的结果就是让孩子无话找话，全是废话，最终对作文又怕又恨。

文章写不长，一定是细节不够饱满，事例不够充足。很多孩子写作，喜欢用概括的语言，跟新闻稿似的。比如："爷爷丢了手机，非常着急。"怎么急的，他没有表现出来。有一次，我跟几个孩子聊到这个话题，让他们回想一下，人着急的时候会有什么反应。孩子们纷纷作答：眉头紧皱（神情描写），来回踱步、拍着脑门、不时在床头和沙发缝里翻找（动作描写），不住地叨念着："跑哪里去了呢？这可是我新买的iPhone啊！"（语言描写）……

你看，我们可以通过对人物的神情、动作、语言进行刻画，来代替"着急"一词，这样写出来的文章就不显得空泛了。

类似的训练比比皆是。

我曾经受到一位特级教师的启发，让孩子们做过一个训练：写天气热，但不能用"热"字。怎么热，要具体表现出来。聪明的孩子们很快就能寻找到与热有关的各种事物：太阳炙烤着大地，树叶被晒蔫了，花儿耷拉着，一副无精打采的样子。知了在树上声嘶力竭地叫着，柏油马路被晒出了油，踩上去软软的。汽车被晒得烫手，爸爸都不敢碰车门。老爷爷穿着背心，大蒲扇摇个不停。姑娘们撑着阳伞、戴着墨镜、穿着超短裙。卖冰棍儿的阿姨生意好极了，不过冰棍儿化得比吃得还快呢。小狗也不到处跑了，躲在阴凉处，舌头吐得老长。游泳池里人真多，大家都跟下饺子似的跳进水里……你看，用这么多细节来表现一个"热"，文章能不具体吗？

再比如，绘本《乱七八糟的变色龙》里，有这样一幅插图，画的是狮子出现在变色龙面前，样子十分可怕。狮子的形象占据了画面的四分之三，视觉效果突出。训练点又出来了：这是一只什么样的狮子？小朋友们会说：这是一只威风凛凛的狮子，这是一只可怕的狮子，这是一只凶猛的狮子……"威风凛凛""可怕""凶猛"都是概括词，怎么写具体呢？可以让孩子们仔细观察图画，找出可以表现狮子凶猛可怕的地方。其实，孩子们的眼光是很厉害的,他们会找到狮子铜铃大的眼睛、锋利的牙齿、血盆大口、巨大的身形、向外张开的鬃毛、硕大的鼻子、闪着寒光的利爪等等。

下面是我在西藏讲学时,一个藏族孩子在课堂上现场写出来的片段——《威风凛凛的狮子》:

这是一只威风凛凛的狮子。它的眼睛瞪得大大的,射出一道寒光。它的鬃毛像针一般向四面扎开。山一样的身躯一步步往前挪,逼近了变色龙。它用硕大的鼻子在变色龙身上闻了又闻,吓得变色龙蜷成一团,瑟瑟发抖,身上的颜色变得更乱了。它张开血盆大口,露出了锋利的牙齿。它的利爪深深地插入泥土,好像随时都会向变色龙扑过去似的。

这是成都一位三年级孩子陈绎名写出来的片段,又是另一种生动的呈现:

这是一只可怕的狮子。

它突然从草丛里窜出来,冲到变色龙面前,怒吼了几声,想直接把这个彩色的东西吞下肚。狮子的眼睛瞪得像个大铜铃,似乎准备直接用它那凶狠的眼神把变色龙吓倒在地。它张开血盆大口,露出锋利的牙齿,好像一口下去,那些尖如小刀的牙齿就能把变色龙咬得血肉模糊。狮子的鬃毛竖了起来,好似一根根蓄势待发的尖锐宝剑。这下可好,变色龙根本不敢动弹了。狮子拱起了如小山一样的背脊,伏在地上,准备随时扑上去把变色龙咬个粉碎。突然,它张开了充满血腥味的大口,发出了震耳欲聋的吼叫。变色龙吓得瘫软在地上……

多可怕的一只狮子呀!

做这些训练的时候,一定要"传法":要用具体的描述替代概括性的语言。采用片段练习进行专项攻破是值得推荐的方法。片段短小,无须开头结尾,无须考虑选材和中心。只针对某个细节,有时间就落笔写,没时间就口述,很容易操作。有很多类似的训练，家里和学校课堂都可以用，比如：怎样吹气球；妈妈怎么生气的；考砸了怎么害怕的；快迟到了怎么着急的；怎样表现灯会上的人很多；妈妈做的菜很美味，如何表现；两个同学吵架，怎么吵的……

片段一：

郑文满脸通红，用手握住气球的嘴，深吸一口气，猛地一吹，气球变成了一个圆滚滚的小橘子；她又轻轻一吹，气球变成了一个胖娃娃粉嘟嘟的脸。这时，邻组的小力已经把气球吹得又大又圆了。郑文一看，急了，使劲吹啊吹，她的腮帮子一鼓一鼓的，眼睛一突一突的，脸憋得像个猴屁股，通红通红的。气球一点点在变大，变成了大苹果，变成了大西瓜，最后变成了地球仪，气体把气球的外衣撑得透亮，几个胆小的同学吓得跑到教室后面蹲着。大功即将告成，她从嘴里取下气球，用右手使劲捏住气球嘴，左手将气球旋转了几圈，又拿出一根红绳，快速绕了几圈，再打了个活结。可是，桂冠已被小力拿走了，文只好垂头丧气地下了台……

——《吹气球比赛》 三年级 陶然

孩子写作，不太会分解动作，吹气球的过程往往是"吹啊吹"就了结了。这就造成了老师常说的写作"不够生动具体"的情况。你看这个片段，陶然同学把吹的过程细化了，既描写了郑文吹气球的样子："腮帮子一鼓一鼓的，眼睛一突一突的，脸憋得像个猴屁股，通红通红的。"又写了给气球打结的动作："大功即将告成，她从嘴里取下气球，用右手使劲捏住气球嘴，左手将气球旋转了几圈，又拿出一根红绳，快速绕了几圈，再打了个活结。"还写了气球的变化："……气球变成了一个圆滚滚的小橘子；她又轻轻一吹，气球变成了一个胖娃娃粉嘟嘟的脸。""气球一点点在变大，变成了大苹果，变成了大西瓜，最后变成了地球仪，气体把气球的外衣撑得透亮。"甚至连观众的反应也不放过——"几个胆小的同学跑到教室后面蹲着。"这样一来，

"吹"的动作描写就变得饱满了，我们一看就知道小作者有很强的观察力，细节描写训练有素。

片段二：

我呆呆地站在摔碎的花瓶旁，等待着暴风雨的来临。妈妈看了一眼花瓶，眼里闪过几丝愤怒。我结结巴巴地说："这……这不是……我……摔……摔碎……的。"妈妈一脸质疑，根本不信我的话："家里只有你一个人，除了你以外，还有谁来过家？如果没有的话，那么你就在撒谎。""我……我没有撒谎。"我提高音量想辩解。妈妈的目光里又多了几分愠怒。"我真的……"看到妈妈脸色发青，眉毛紧锁，眼睛直瞪瞪地看着我，"没撒谎。"最后三个字说得只有我自己才能听见。我知道这次是一千张嘴也说不清了。

——《挨打》 五年级 李佳艺

孩子们在写作中往往会忽略描写对象神情的变化，语调的变化，写出来的人物显得很戏剧化。笑和哭之间缺乏过渡，真的有点让读者哭笑不得。要知道在生活中，人物的情绪变化是有梯度的，通常不会来得很突然。孩子需要细致地捕捉这些变化。而这个片段的亮点就在于小作者佳艺具体写出了妈妈神情的变化："妈妈看了一眼花瓶，眼里闪过几丝愤怒。""妈妈一脸质疑，根本不信我的话。""妈妈的目光里又多了几分愠怒。""妈妈脸色发青，眉毛紧锁，眼睛直瞪瞪地看着我。"小作者很厉害，通过对眼神的细致刻画，把"妈妈很生气"表现得淋漓尽致。这个例子再一次告诉我们：要把文章写详细，就得用具体的描述替代概括性的语言。

细节意识不是一天两天就能培养出来的，需要大量的训练和长期的不断提醒。

亚里士多德曾说过：写作的诀窍就是细节加联想。一篇文章如果少了给人印象深刻的细节，就会显得空洞。我们要让孩子留心好作品中的细节描写，建立这样的概念：细节是好作品的关键，最打动人的地方就是这些细节。

我们来欣赏几段：

曹文轩《我的儿子皮卡》中的几处声音描写——

※ 他转动了几下脑袋，先是小声哽咽，随即哭出声来，接着，逐渐加高调门，一路哭向顶峰，直哭得满屋装满了哭声。

※ 皮卡哭得都快要背过气去了，一声沉下去，像一颗石头从山头扔进深不可测的峡谷，不知什么时候才能到底。

※ 钢琴上发出了泉水从岩上滑过的声音。是清澈的泉水，微带凉意。不是太阳底下的流淌，而更像是夜间月光下的流淌。一路向前，但不时地会有曲折和下跌。下跌时，那些水仿佛是冰跌在了石头上，碎成无数亮晶晶的冰片。

彭学军《奔跑的女孩》中的心理和景物的描写——

傍晚，长长的石板台阶就像一条幽深的隧道，密密匝匝的树枝遮住了天光，走在下面，有一层薄薄的凉意。头顶上，归巢的鸟儿叽叽喳喳地响成一片，爆豆子一样热闹。

听见身后一阵哒哒哒的声音，回头一看，是猫赶上来了。

猫穿了条淡绿的灯芯绒连衣裙，大翻领，长袖，喇叭花一样大大的裙摆，长长的腰带在身后扎了一个漂亮的蝴蝶结，裙子的两侧各有一个隐形的口袋。猫穿这条裙子时，喜欢把手插在裙袋里，显得又自在又与众不同，因为，我们的裙子都没有口袋。

很喜欢看猫穿这条裙子，不过，应该是在初夏穿的，现在穿有点凉。可是，今晚非同寻常。

猫走在我前面，右手放在裙袋里，不断有人回过头来看她，但她没有像以往那样，骄傲地把尖俏的下巴高高地扬起，她的背影看上去有些僵硬。经过一家炒货店，她目不斜视地走了过去，以前，即便不买点什么，她也要多看上几眼。

一路上，猫没有和我说过一句话。终于，我们到了体育馆的斜坡下，体育馆那座灰白色的建筑高高地矗立在夜色中，比白天看上去更加巍峨，在我眼里又多了几分我无法应对的不测……

这些细节描写，有长有短，无论是声音、外貌还是景物都刻画得生动细腻。通过阅读，我们能领悟作者的意图，看出他的眼力和描写功力。这都是阅读过程中需要重点关注并试着模仿的地方。我有时在课堂上会让孩子描写一段婴儿的哭声，他们往往觉得难以下笔，当我展示了曹文轩的这两段文笔时，他们恍然大悟，原来可以用修辞的手法来描写，原来可以写出声音的大小变化。自己过去读这本书，怎么没有注意到呢？那就试着写写吧，写完哭声再写笑声，还有叫卖声。通过这样的反复训练，孩子们的细节意识在逐步建立，不仅能在阅读中关注细节，慢慢地学习刻画细节，进而逐步成长到能抓住旁人难以注意到的细节并用生动的文字表现出来。

2. "四个花瓣"名堂大

我常常让孩子做一些"描写魔术"训练，就是把一句话变成一段话，这是一种很有效的细节训练法。比如："妈妈打小明。"这句话只有五个字，怎么扩充呢？仔细琢磨一下，有太多可以添加的东西：妈妈打的动作？她拿什么来打的？小明的反应？妈妈会边打边说些什么？她的表情是怎样的？被打的小明痛不痛？痛的感觉是什么样的？会求饶吗？有没有人来劝解或者在一旁添油加醋、火上浇油？这么一加，别说是一段话了，一篇文章都出来了。其实想想，就是把四个细节花瓣给展开了。

每一个细节"花瓣"都可以分别进行专项训练。

语言描写

如果把孩子的习作拍成电影的话，有不少都是哑剧，因为里面少有对话。他们总是喜欢用叙述的语言来代替精彩的对话，作文显得平铺直叙，少了亮点。如："我央求爸爸给我买一盒鞭炮。"这句平淡无奇的话里其实屏蔽了许多可以扩写的东西：自己的语气，怎么求的；爸爸的神态，怎么说的……恐怕一两个回合是写不完的，如果把这些加上去，取代"央求"二字，文章定会精彩翻倍。

语言描写名堂多。首先是提示语，不少孩子在进行语言描写时，喜欢用一种固定的表达方式——××说，显得死板老套。这里至少有两方面可以灵活变动。

一是提示语的位置。

提示语在前。

妈妈对华林说："怎么还在看电视啊？快做作业去！"

提示语在中间。

"怎么还在看电视啊？"妈妈对华林说，"快做作业去！"

提示语在后面。

"怎么还在看电视啊？快做作业去！"妈妈对华林说。

省略提示语。

"怎么还在看电视啊？快做作业去！"

提示语的位置变化会显示出不同的侧重点，反应不同的语气和氛围。通常说来，提示语放在前面是为了突显说话的人或者强调说话人的神情动作。提示语放在后面，则是为了强调说话的内容，当然，有时候也是为了和前面的对话无缝连接。提示语放在中间，两种强调效果都可能有。最关键的是，提示语位置的变化，还能使文章的表达显得不呆板。

二是提示语前的用词。比如"说"这个字，可以七十二变：问、吼、嚷、吆喝、嘀咕、呵斥、嘟哝、质问、喃喃自语、嘲笑道、大骂道、高声吆喝……如果再加上一些神态、语气和动作，就更丰富了：轻声问道、眉毛一挑，厉声喝道、扬起试卷得意地说……

除了提示语的变化，我们还强调对语言的刻画必须符合人物的年龄、性格特征。"哇，太酷了！"显然不会出自七十岁老人之口。"我怎么生了你这么个不争气的孩子！"一听就知道是来自爸妈的责备。

最适合练习语言描写的就是《讨价还价》《争吵》这类的作文了。下面是四年级的赵祎同学写的一篇作文，请留心其中提示语的位置变化、买卖双方的语言特色以及加入其中的动作和神态。

学生习作：

讨价还价

四年级　赵祎

上周三的下午，我最心爱的自动铅笔丢了，那可是价值15元的日本进口自动铅笔啊，居然不翼而飞，我只好用自己的零花钱再买一支。怎么才能节约一点呢？对了，砍价呗！

我怀揣着50元钱走进文具店，装作漫不经心地东瞧西看，实际上我第一眼就看中了一款三菱的"弹跳型"自动铅笔，也是日本进口的，可定睛一看，乖乖！足足29元，唉，看来我真是"有活儿干"了。

"这笔多少钱？"我装出一副可买可不买的样子。

"这个，29元！"老板的声音中似乎透着几分不屑。

"呃……"我有些紧张，"能不能少点？"我怯生生地问道。

"不能，这可是日本三菱的最新款！"老板见我怯生生的，就毫不让步，也许他心里在暗暗得意吧！这可惹恼了我，心想：我三天两头在你这儿买东西，照顾你生意，你都不优惠点儿，真财迷！

"便宜点，25元。"我愤怒地开始压价。

"不行！不行！起码也得 28 元！"

"26！"我丝毫不让。

"27！不买算了！"

"反正我经常到这儿来买文具嘛，你不是也薄利多销吗？就便宜点，26！"我一计不成，又施一计。

"不行！"老板像是铁了心不肯降价。

"唉！"我悄悄叹息了一声，垂头丧气地走出了文具店。

正当我的背影即将消失在转角处时，耳边传来了老板洪亮的声音："喂，小朋友，回来，26 就 26 吧！"

看来老板还是不想失去这笔生意，嘿嘿！欲擒故纵法奏效！

我心里一阵愉快，马上跑回店里，得寸进尺："25 元，行吗？"

"不行！不是说好 26 吗？"老板涨红了脸。

"哎呀，我给你拉顾客嘛，我们班好多同学都想买这种铅笔，就 25 块吧！"我使用了"糖衣炮弹"来安抚老板受伤的心。

"那……好吧！这个价格不要说给别人听啊！"沉默了 10 秒钟，老板十分不情愿地同意了，他心里肯定恨不得扇我几个耳光呢！

讨价还价，谁与我匹敌！

这是赵祎同学七年前写的习作，那几年，我们常让孩子写作《讨价还价》，甚至还带着孩子去菜市场直接实战砍价，这几年，很多商品都是一口价了，但《讨价还价》仍然可以写，因为在家里，孩子和父母也经常为了一些小权益讨价还价，比如少做点作业、多玩会儿游戏之类的，很有生活味道呢。即便没有这样的经历，也可以用《挨骂》《小小辩论会》《书包里的悄悄话》《公交车上的一次争吵》等选题来训练语言描写。

一篇作文，通常会有主角和配角，有了配角就会有对话、议论、争吵、商量、央求……有了语言描写，文章就活了起来。一方面，我们要让孩子尽量避免写文章里只有自己一人出现的"独角戏"作文,让孩子找出一两个配角。另一方面,家长在指导时,要引导孩子想想主角和配角之间会说些什么,即便是写自己独处时发生的事情,可能也有旁观者、路人等发出的感叹、说的话语。有了语言描写的意识和技能,孩子的作文就有声有色,不那么沉闷了。

动作描写

和语言、神态、心理描写不同,绝大多数孩子知道要描写动作,人要是没有动作,岂不成了木头人了吗?但知道不等于做到,很多孩子还没有掌握动作描写的窍门,不是用词重复,就是寥寥数语,家长看到的作文,仍然是干巴巴的。其实,把动作一写细,文章就生动了许多。

请看这篇习作,特别留心文中的动作描写——

学生习作:

美术课上的大追捕

五年级　岳涤非

终于到了我期盼已久的美术课了,之所以期盼,是因为宽容的美术老师允许我们在他的课堂上按照自己的兴趣找同桌。

上课了,我跑到刘睿那儿去坐,因为刘睿今天逮了一只四脚蛇来,现在正放在他的文具盒内,我可以饱饱眼福。刘睿趁老师不注意,把盒子打开了一条缝儿,我看见那四脚蛇正紧闭着双眼,懒懒地躺在盒底,悠闲极了。我对刘睿说:"放心,它正在睡觉,快把盒子打开吧,别闷着它。"刘睿说:"好!"说完就将盒子打开了。那四脚蛇趴在盒底,双眼紧闭,尾巴微微地摆动着。突然,不知为啥,它眼睛一睁,脚一伸,以迅雷不及掩耳之势爬出盒子。我叫道:"跑了,跑了,快逮住它!"刘睿一巴掌拍过去,结果只按住了四脚蛇的尾巴,它使劲一挣,挣断了尾巴,跳下桌子,继续往前爬。

我和刘睿不约而同地把身体往前探,见那四脚蛇正趴在但娜的裙子上,脑袋四处张望,好像在确定逃跑路线。我拍拍但娜的肩膀,小声说:"但娜,千万不要动！""为啥不能动？"她边说边顺着我的眼神往下看，才发现自己的裙子上有这么个家伙。"哎呀！"她尖叫一声，双腿一抖，裙边把四脚蛇抛得老高，又重重地摔了下来。这下可好，全班同学都被但娜的叫声吸引过来，教室里就出现了这么个喜剧场面：美术老师在讲台上喊："不要闹，都回到座位上"；男同学像小狗一样追着四脚蛇；女同学则吓得尖叫着直跺脚；我和刘睿站在凳子上注视着"追捕"过程；全班不时发出"在哪儿？在哪儿？在那儿呢"的喊声……

四脚蛇终于被"逮捕归案"了，而这次追捕活动的主谋——我和刘睿则被带到班主任那儿去接受训话。在去办公室的路上，我"扑哧"一声笑了——刚才那场面实在太可笑了。

（本文发表在《创新作文》2006年第10期）

这篇习作，好就好在动作描写。无论是四脚蛇趴和爬的动作，还是女同学被吓后的反应，男同学追捕的动作，都刻画得惟妙惟肖。动作描写，最能彰显一个人的写作功力。

有一种很有用的方法，叫"慢动作回放"。在描写时，回忆当时的动作，放慢速度，一点点地刻画，写下来就像放慢镜头似的，就能把动作刻画得比较精细了。

跳木马，也就十几秒的事情，如果使用慢镜头，把动作一步步记录下来，十几秒的过程就会变得饱满生动。

作家彭学军在《奔跑的女孩》中有一段跳木马的动作描写——

立定后，她抬头，挺胸，收腹，提臀，双臂和双腿都绷得笔直。远远看去，她整个身体都在收紧，紧成窄窄的一条，而且还那么薄，薄成一张纸片儿，却是积蓄了无穷力量的纸片儿。她左脚虚垫一步，身子往前一倾，跑了起来。

跑起来的时候她两条手臂依然绷得直直的，离木马越近速度越快，跳板将她高高地弹起，身子横在空中，如一尾美丽的热带鱼，落下时双臂撑在木马上，借助惯性在凌空的一瞬间，她做了个一百八十度的转体，然后轻盈地落在了垫子上。

落地不是太稳，她的脚不得不往外迈出一小步。接下来的那个动作我目不转睛地盯着。

她收回那只迈出的脚，头高高地仰起来，颈尽量地伸长，胸尽量地挺高，臀尽量地翘起，双臂尽量地向后展开，她尽量做着这些动作的时候，侧面看，她的身体被一种无从知晓的力量拧成了一个柔美的、极富韧性的"S"形。她身体像是有一个神秘的开关，被一只无形的手按了一下，"啪"的一声，这个动作就完成了。

精彩吧，我经常让孩子摘录或朗诵这样的语段，细读中慢慢体会所用的动词，是否连贯、准确，是否像放慢动作一般。这是很有效的一种动作描写方法。

还有一种方法，叫"动词连动拆"，这是我同事发明的词汇。比如爷爷看报，一个"看"的动作，可以拆成很多个词：坐下、戴眼镜、翻看、点头、拿茶杯、喝茶，等等。中间的一个"翻看"，又可以继续再拆：摊开、抖抖报纸、抹平、身子前倾、扶眼镜，等等。就这样，一个"看"的动作可以写成很长的一段话。当然，拆的动作一定是有价值的，不能无休止地拆下去。有的孩子为了追求动作描写的细致，对不该描写的地方也做了细微的刻画，以致文章显得琐碎而无趣，甚至像科学教材。举个例子，写小明认真做作业的场景，可以刻画的是小明坐在书桌前，一只手扶着课本，对照着一边念一边抄。这里面还可以对小明的专注做一些更富文采的描写。但有的孩子细到连小明怎么握笔，大拇指和食指的位置怎么摆放的都写了，就过头了。

学生片段：

俊文左手抓牢瓶子的肚子，把瓶底抵在胸前，右手握住瓶盖，紧闭双眼，使出全身的力气用力拧。他脸蛋涨得通红，像一只煮熟的大虾。一次没能成功，他又把瓶子往双腿之间一夹,弓着背、弯着腰,死死咬紧牙关,眉毛皱成一团,双手用力一起拧。可能用力过猛,他手心渗出了汗,于是停下来在衣角使劲一擦,又一次拿起杯子,信心十足地再次发力拧,手臂上的青筋都鼓出来了……

——《拧瓶盖》 三年级 陈泽文

名家片段:

金铃慌慌忙忙低头到书包里掏铅笔盒,掏出来一看是空的,笔呀尺的早溜到书包各个角落去了。她就伸手在书包里摸,摸出一支,秃得没法写;再摸一支,铅断了。这时老师已经在上面报题目,金铃急得不行,拎起书包往旁边地上一倒,"哗"的一声,铅笔、橡皮、小刀、本子……五颜六色摊了一片。前后左右的同学都伸脑袋去看,全班秩序大乱。

——《我要做个好孩子》 黄蓓佳

动作描写既要准确,还应富于变化,尽量不要重复用词。前面已经说过"浑身打战",后面再写就要换词了,比如"哆嗦""战栗""手不听使唤地抖",等等。我常常跟孩子们讲,我们要做词汇的富人。什么是词汇的富人呢?比如要描写人多,词汇的穷人只有一个词——"多"。可词汇富人就不一样了,他可以用不同的词汇来表现人多的场景:"熙熙攘攘""车水马龙""摩肩接踵""人山人海"……词汇多,自然就会避免重复用词。怎样才能当词汇的富人呢?在心中要有一个词汇银行,平时的阅读中见到的精彩词句,要留意,要学着使用,会使用才能成为自己的东西,才能存入自己的银行里,日积月累,就变成了词汇的富人,等到用时,才能从容应对,不至于捉襟见肘了。

很多动词都带有情绪色彩。比如"爸爸高高地扬起巴掌,在空中愣了几秒钟,又无力地垂下,叹了口气,回房去了"。这句话中的"扬起、愣、垂下、叹气"等动词,反映出爸爸的生气、不忍心、失望又难过的复杂情绪。因此,用什么样的动词来表现什么样的情绪、状态是非常考究的。

除了情绪，动词还分快词、慢词、轻词、重词。拂过、扬起、浸润、飘落等是轻词；抠、砸、扯、刮是重词；彳亍、徜徉等是慢词；疾驰、一闪而过等是快词。不同的词，呈现的表达效果也不一样。比如"老师生气地看了毛毛一眼"和"老师生气地瞪了毛毛一眼"力度不一样，我们感受到的老师的生气指数也不一样。同理，"雨淅淅沥沥地落下来"和"大颗大颗的雨点砸在地上，溅起尘土"，这一"落"一"砸"，轻重完全不一样。

有些填词练习可以训练孩子对词语情绪的把握，比如：

试着补充里面的动词：

1. 快迟到了，我_____起书包_____出家门。

2. 爸爸气急了，他_____起拳头，狠狠地朝小偷_____了过去。

孩子填的词很传神，让句子一下子有了鲜明的画面感：

1. 快迟到了，我__抓__起书包__冲__出家门。

2. 快迟到了，我__背__起书包__飞__出家门。

3. 快迟到了，我__拎__起书包__奔__出家门。

"抓、背、拎"和"冲、飞、奔"这几个动词都能体现快迟到的着急心情，远胜过"走出家门"。

1. 爸爸气急了，他__抡__起拳头，狠狠地朝小偷__砸__了过去。

2. 爸爸气急了，他__举__起拳头，狠狠地朝小偷__挥__了过去。

我们能透过"抡""举""砸""挥"这四个有力度的动词，感受到爸爸的愤怒。用词就是这么考究！

再来看看这些精彩的动作描写片段——

用"慢镜头回放法"写洗脸。把洗脸过程拆分开来写，写得细致饱满：

早晨起床，我大步流星地走进洗手间，开始洗脸。我把盆子拿进水池，飞速打开水龙头，"哗——"水流进了盆里。我一转身，把毛巾扯下来，浸到水里，小心地往盆底一按，一个个气泡浮到了水面，在水面上漂来漂去。我又把毛巾搓了搓，像拧麻花一样把毛巾拧干，一滴滴水珠落进了水里。随后，我又把毛巾平铺在手上，只听"啪"的一声，毛巾铺在了脸上。我先认真地把脸擦了一遍，像擦桌子一样把嘴擦干净了。接着我用两个手指捏着毛巾上下不停地搓鼻子，然后又把毛巾铺在手上，擦干净了耳朵，便把毛巾放到水中洗了个澡，拧干，挂回了架子上。

——五年级　胡可钧

结合了语言和神态的动作描写，显得生动传神：

她从筐里拿出一个圆溜溜的橘子，用手掂了掂，满脸微笑地问："老板，可以尝吗？""可以！"老板十分爽快地答应了。于是，她用尖尖的指甲在橘子上划了一个小口，双手用力一掰，橘子成了两半。她拿起一半，轻松地剥开了皮，从里面取出一瓣，把冒出来的小白须仔细地撕掉，把橘瓣塞进了嘴里。刚咬了一口，眉毛就皱成了一团，眼睛紧闭着，难道橘子很难吃？过了好一会儿，她才把刚才紧闭的眼睛慢慢睁开，但依然紧锁双眉，把橘子放回了筐里，对老板说："这橘子太酸了，不买了！"

——四年级　申雨可

动作不是人的专利，水、茶、动植物，万物都有动作：

一股滚烫的水似瀑布一样飞泻而下，绿茶随着龙卷风似的漩涡翻滚、沸腾起来。随着水杯上方的白雾渐渐消逝，杯底的茶叶变成了青色，将水染成了淡绿。杯底有一片绿茶舒展了它的腰肢，想恢复原来的青春与活力。从我嘴中吐出的气流在水面上留下了一个浅坑，向周围泅开，使其水波流动。我抿了一小口，淡淡的苦涩中带有香醇在口中久久回味。

——六年级　叶昳辰

心理描写

一说到心理描写，我们就会想到这样的句式："××想……"仿佛这是唯一表现心理活动的形式。结果一整篇都是一成不变的"我想""她想""我又想",乏味而单调。

有不少方式可以替代"想"。比如,写感受是一种,"我的大脑一片空白,手脚变得僵硬。"这是表现紧张的心理。"虽然这声音很轻,但在我耳边如同一声炸雷,'炸'得我打了个寒战。我的脑袋里只有一个念头:这下我完蛋了!"这是表现害怕的心理。还有这种方式:我心里一紧,战战兢兢地回答:"没……没做什么啊。""天啊!怎么办!老天保佑!"我心里默念着。你看,不用老是"我想""我又想",能用的方式多着呢。

有的孩子不知道怎么描写心理活动,只会用"非常着急""紧张极了"这类的概括语言一笔带过。

其实,刻画心理的方法很多。

我们先来看几段生动的心理描写:

我的喉咙眼里紧紧的,仿佛有一大团纸塞在里面。耳朵也处于高度警戒状态,每时每刻都在监听着周围的一切异常响动。我的心像被羽毛轻轻地挠着,一刻也不能安分下来。

——五年级　苏涵秋

一句话点评:比喻和夸张的修辞手法更能表现出小作者内心的紧张。

突然,啪,啪,啪!脚步声传来了!越来越近,越来越近。我像是挨了重重的一记耳光,总算"清醒"过来了。糟糕!我慌乱地将书藏在屁股下面,抓起钢笔,拿着作业开始装模作样地写。

"干什么呢?"门缓缓地被推开了,随之便是妈妈的身影和声音。"我?我啊?我这不是在写作业吗?"我勉强挤出一个笑容,支支吾吾回答着妈妈的问题,眼神却不由自主忽上忽下地躲闪着,每次都避开了妈妈。我又用力扯了扯衣服，极力遮挡住我屁股下面的那本书。

——五年级 罗岘

一句话点评：用动作、神态来表现内心的紧张，富有现场感，而牵强的笑容和恍惚的眼神更是点睛之笔。

老师开始检查背诵了。旁边的张力被抽中了，他支支吾吾了半天，才背了几个字。我心里直打鼓，恨不得妈妈突然把我接回家。我瞪大眼睛盯着本子，希望自己是一台摄像机，能把看到的东西立刻都记下来。老师扫视了一眼全班，目光停留在我这边，莫非老师要抽我？我吓得不敢看老师的眼睛。像是要上战场一样，我默默祈祷：上天保佑，别抽我。祈祷真灵验，老师点到了我的同桌。同桌背得很流畅。我又开始自责：同桌都能背，为什么我就不能？有一条谚语——草若无心不发芽，人若无志不发达。想要学好作文，就要积累好词佳句，而我却不能认真对待它，真是太不应该了。

——四年级 戴铮

一句话点评：写出了内心活动的变化，且用上了联想和引用，精彩！

怎么样，有了心理描写，文采似乎都增了几分。现在我们来看看怎样不落俗套地描写内心活动。

● 通过语言描写来表现内心感受。如：

我一个劲儿地催问："到底有没有我啊，您就别卖关子了！"

一看这句，就知道小作者有多着急了。

● 通过动作、神态来体现内心细微的变化。如：

"我？我啊？我这不是在写作业吗？"我勉强挤出一个笑容，支支吾吾回答着妈妈的问题，眼神却不由自主忽上忽下地躲闪着，每次都避开了妈妈。我又用力扯了扯衣服，极力遮挡住我屁股下面的那本书。

你看，犯了错误的小作者故作镇定，通过这一"挤"，努力在掩饰自己内心的紧张，即便这样，"心虚"还是被他的眼神和动作暴露无遗了。

我们一定要让孩子树立这样的观念，语言、动作、神态、心理描写通常不是单一存在的，自然交融在一起，表现力才更强。

● 通过写景来表现内心感受。

"感时花溅泪，恨别鸟惊心。"自古以来，中国文人就善于移情于物，借景抒情。我们不妨也学学这招，你看，刘仕阳同学的《挨打》第一段就是这样写的："我摸着现在还火辣辣的屁股，不由得回想起了下午的一幕，窗外的月亮似乎也没有了往日的温柔。"借月亮来抒写内心的伤感，是心理描写的一个好方法。

● 通过内心独白呈现内心活动。

自问自答，把内心的话说出来，用"埋怨、后悔、担心、期待"等词把心理想法写出来。避免"心想病"，删掉或换掉"心想"。

● 通过联想或幻觉描写展示丰富的内心世界。

● 心理变化还要有层次感。

一篇文章，要达到一波三折、引人入胜的效果，除了故事情节饱满生动，还可以向"内"开掘，也就是说，如果情节相对来讲比较平淡的话，可以通过描写内心的起伏来增加文章的吸引力，同样能达到一波三折的效果。举个例子，有个孩子打算参加班委竞选，由于胆小，最终没有走上讲台。从表面来看，这个孩子坐在座位上没有动，情节上似乎没有什么变化，但是，他当时的内心活动一定是相当丰富的：期盼，鼓足勇气想举手，却因为前面同学讲得太好而泄气，看到同伴鼓励的眼神又重塑信心，联想到最近的一次考试失利还是迈不出那一步……光是这些内心的活动，就可以写成一篇栩栩如生的习作了。其实，像《项链》的作者莫泊桑这样的著名作家，其作品之所以能流传后世，堪称经典，并非其题材的恢宏浩大，而是取胜于细致入微地对人物内心情感进行描摹。

家长可以带着孩子回想一些印象深刻的事件中的情绪变化。比如丢了一样东西，往往不止一种心理感受。刚开始可能是着急，然后开始回想，抱着侥幸心理去找，老没找到会变得焦灼，或者沮丧，如果爸妈还在一旁指责的话，可能会发火呢。细细体会事情发生过程中的心理变化，才可以写出心理的曲折起伏，写出来的作文才会有滋有味。前面引用的戴铮同学写的心理片段就是最好的一例。

当然，心理描写如果加入适当的修辞手法，效果也会不一样。比如苏菡秋同学的心理描写片段："我的喉咙眼里紧紧的，仿佛有一大团纸塞在里面。耳朵也处于高度警戒状态，每时每刻都在监听着周围的一切异常响动。我的心像被羽毛轻轻地挠着，一刻也不能安分下来。"这一段使用了夸张和比喻的修辞手法，就比直接写"我紧张极了，时刻留心周围的动静，忐忑不安"要增色不少。

那么，哪些地方应该加入心理描写呢？

有一次，我让学生写了一篇《找东西》的作文，这篇作文的训练重点就是心理描写。下面我们就以这些习作为例，看看可以加入的心理描写点——

刚发现物品不在的时候——

那一串钥匙不知是太想得到自由，还是专门跟我开玩笑，不知不觉悄悄地开溜了。天啊，在游泳池里找钥匙如同大海捞针，让我怎么找啊！焦急的我又不敢告诉爸爸，只好一个人从角落开始漫长的寻找。

——刘恩贝 《找钥匙》

找了一会儿，却没找着时——

打开衣柜，不在；拉开窗帘，不在；趴下看看沙发底下，还是不在。不对劲儿，平常找它对我来说都是易如反掌，今天怎么找不到？不会真的丢了吧？！

——范唯 《找小狗》

出现转机时——

我想到了一个好办法——拨打爷爷的手机！我拿起客厅的电话，开始拨号，一边拨一边担心着：要是手机关机怎么办？手机要是没电了怎么办？如果手机在小偷手里，我这么一拨，会不会打草惊蛇啊？由于紧张，我的手微微颤抖，好几次都把号码按错了……

——孙林颖 《找手机》

成功找到时或者彻底绝望时——

拨了三次后，终于通了。家里不知哪个角落传来了爷爷的手机铃声——《童话》！这时候，《童话》那老掉牙的旋律仿佛变成了世界上最动听的歌！手机原来在家里啊，我们都长舒了一口气。

——邹语琪 《糊涂的爷爷》

总之，有了细腻的心理刻画，文章的表现力会更强，读者就会感同身受。相比于语言和动作描写，孩子在心理描写方面相对欠缺，家长要有意识地训练孩子的心理描写能力，口述、写心理片段都是有效的途径，不妨让孩子多试试。

神态描写

什么是神态描写，先来看看这两句：

她的嘴唇有些颤抖，什么也说不出来，只有一抹幸福的红晕偷偷爬上了脸颊。她那含泪的眼睛转向窗外。啊，淡淡的，香香的，泡桐花开得正好……

——《泡桐花开》

每逢他遇到新朋友，或是接见属员，他的大眼会像看见个奇怪的东西似的，极明极大极傻地瞪那么一会儿，腮上的肉往下坠，然后腮上的肉慢慢往上收缩，大眼睛里一层一层地增厚笑意，最后成为个很妩媚的微笑。

——《且说屋里》

这就是神态描写，出彩吧！

俄国作家果戈理曾经说过：外形是理解人物的钥匙。神态能显露出人物的内心活动。要想把人物写活，使文笔更细腻，就离不开神态描写。

孩子们往往会忽略神态描写。父母该如何指导呢？

首先，要让孩子有神态描写的意识，知道神态刻画的重要性。父母可以给孩子看一些类似上面两段有关神态描写的句子，让孩子对照，看加不加神态描写对于整篇作品的表达效果有什么影响。还可以让孩子摘录或者品读一些神态描写的句子。

其次，和孩子一道来检讨一下平时习作中在神态描写方面不足的地方，比如：

几乎没有神态描写。

描写语言用得太单一，没有变化。

词不达意，缺乏感染力。

表达陈旧，无新意。过多使用"怒目圆睁""眉头紧锁"这类神态词。

第三，和孩子一道探讨一些更为丰富的表现手法。如，"参与神态表演的演员"其实不只有眼睛和眉毛，还可以是牙齿、嘴巴、头发、手脚……高兴时，牙齿可以闪着快活的光芒；头发无力地耷拉着，表现沮丧；头发飞扬，表示愉悦和轻松。虽说眉目传情，眼睛、眉毛确实是神态描写的主要对象，但身体的很多部分也可以成为参与神态表演的演员，有了它们，呈现的效果又会有所不同。还有，神态描写的用词、用句应当新颖独到，甚至有修辞的介入，可以使表达更新鲜诱人。例如："爸爸紧锁的眉头只有小狗才能打开。"

另外，还要让孩子留心，神态描写通常放在文章的哪个地方。比如，可以放在语言描写的前后，也可以与动作捆绑在一起。

例一：刚咬了一口，她的眉毛就皱成了一团，眼睛紧闭，过了好一会儿，她才把眼睛慢慢睁开，但依然紧锁双眉，把橘子放回了筐里，对老板说："这橘子太酸了，不买了。"

例二：她扬起下巴，挺起那丰满的胸部，一副趾高气扬的样子。她嫌弃地用指尖拨开了这些放了学的学生们，犹如走在树林里拨开挡路的树枝一般。

可以设定一些场景，让孩子进行神态描写专训。如：

小明迟到了，站在门口。（小明害怕、窘迫的神态，或者老师和同学质问的神态）

玲玲获得了全国作文大赛一等奖。（喜不自禁或者刚获知喜讯的惊喜神态）

妈妈看到了丁丁60分的试卷。（妈妈狂怒、丁丁害怕的神态）

下面是李雨珂同学的一个习作片段，在这个片段中，雨珂不仅进行了生动的神态描写，还注意了用神态的层次变化来表现妈妈的情绪升级。

当妈妈漂亮的大眼睛不经意地瞟了一眼茶几时，那"妩媚"的神态立刻来了个180度大转弯：细长的眉毛拧在一块儿，微笑的嘴唇嘟了起来。她一下走上前，抓起那张纸，扫了一遍：一张满是红色大叉的卷子！妈妈憋住呼吸，右手握成拳头使劲捶着胸口，那原本就大的眼睛更大了，一下占了半边脸。偏偏这时，小玉走出了房间，她看见妈妈拿着一张纸时，便轻手轻脚地走过去，拍了一下妈妈的肩膀，笑着问："妈妈，你在看什么？"妈妈本来就火冒三丈了，被小玉这么一问，怒气升级，一转身，手重重地落在了小玉脸上，发出了一声清亮的"啪"声，还没等小玉解释，就气呼呼地用手指着小玉的鼻梁，狠狠地说："你太不像话了！竟然考得这么差！"说完扬起手中的卷子，本想指着满卷红叉，却不小心指到了"名字"一栏。

——五年级　李雨珂

3. "五员大将"了不起

俗话说,巧妇难为无米之炊。没有细致的观察,而一味地要求孩子写作的字数,只会让孩子凭空编造,写出的作品很难打动人。

这里讲的观察,含有不同的层次,有以描摹为目的的观察,也有主观介入的洞察和发现。当然,用观察统而代之,有些牵强。教育界对观察能否对学生习作有促进作用也有不同的看法。一种观点认为,训练孩子动用五官,细致观察,会言之有物。也有另一种观点认为眼光比眼睛更重要,写作说到底,是心灵的活,不能陷入观察的泥潭。后一观点的代表是著名特级教师管建刚。他在《我的作文教学主张》里否定了作文教学多年来"观察——作文"的老路,认为"内在的眼光决定了写作的高度""作文教学要着力于内在的发现"。

我以为,这两种观点并不冲突,只是有层级的高低先后。

唐代禅宗大师青原行思提出参禅的三重境界:

参禅之初,看山是山,看水是水;

禅有悟时,看山不是山,看水不是水;

禅中彻悟,看山仍是山,看水还是水。

修为不同,悟道不同。

训练孩子习作,我们也要讲究层级。一二年级的孩子,让他关注内心,恐怕有些深奥。我们不妨由表及里,在不同的阶段有不同的训练侧重点。这一章节,我们主要讨论的是涉及外在感官的观察力培养。

起步阶段的孩子,培养观察的习惯和能力是非常重要的。观察力是一种受益终生的能力。不管他以后从事什么行业,卓越的观察力都能让其捕捉到细微的东西,对其事业发展有相当的助益。

很多孩子言辞空洞，就是不善观察。比如让他写一棵柳树，没有下笔之前的细致观察，写出的柳树千篇一律。如果带着孩子去观察，用手摸摸粗糙的树干，柔嫩的翠叶，透过阳光看看精致的叶脉，闻闻新芽儿的味道，站在树下感受春风抚柳的韵致，孩子写出来的柳树就有了自己观察的印记。

观察是可以训练的。我曾经在课堂上让学生看了一支旧铅笔。刚开始，孩子们都只能用寥寥数语来描写，我把铅笔的不同侧面都拍了下来，通过PPT播放，让孩子仔细观察，不放过任何一处特别的地方。结果，孩子们发现了铅笔上的凹坑、被铅晕染了的笔头、磨平了的橡皮等很多细节。我们又探讨了怎么把这些观察所得用合理的顺序组织起来，孩子们提出了从头到尾、从中间到两边、从粗略到细微、从正面到反面等不同的写作顺序。写作成果显示，观察前后，小朋友呈现出来的片段大不相同。

学生习作（片段）：

这支铅笔长只有十厘米左右，大概已经用了一段时间了。笔身是红色的，有黑色的条纹，上面写了一行金色的字"中国·上海中华牌"，这可是有名的商标啊。背后有一行银色的英文字，估计也是商标之类的意思。仔细看，笔身上有一些凹坑，颜色褪掉了，估计是小主人有咬笔的习惯。笔尖很粗，有一面已被红色的木头遮掩，也有黑色的笔屑沾在上面。铅笔头是银色的金属，本来是连接橡皮和笔身的，但是橡皮已经被磨平，侧面看一点也看不出，银色的金属也被小主人咬扁了，他的牙齿可真厉害！

你别小看上面这段文字，看到和写出来是两码事，小朋友可费了一番功夫呢，仔细观察已经不容易了，他们还学会想办法，把非常细致的难以描述的小地方努力说清楚。比如："笔尖很粗，有一面已被红色的木头遮掩，也有黑色的笔屑沾在上面。""铅笔头是银色的金属，本来是连接橡皮和笔身的，但是橡皮已经被磨平，侧面看一点也看不出，银色的金属也被小主人咬扁了，他的牙齿可真厉害！"当时孩子们不知道怎么用简洁清楚的文字表达，前前后后想了好多种句子才表达通顺。所以，无论从观察力训练还是书面语言表达训练，这都是一个很好的练习。

有了这样的训练，孩子就可以描写水果、树叶、口香糖、钟表、人的外貌，因为技法是相通的。

学生习作（片段）：

我们都叫他李思肥。他实在是太胖太胖了，脑袋占了全身三分之一的比例，完全没有脖子，洗澡的时候还要把下巴费劲地抬起来，一层一层地扒开来洗。胳膊和腿都仿佛是一根根藕节组成的。相比他那"硕大"的身躯，一双小脚丫倒显得小巧玲珑了，所以他走起路来，我们都很紧张，怕他的脚丫实在支撑不住身体而摔倒。他自己倒无所谓，摇摇晃晃地满屋子乱逛，像喝醉了的酒鬼一样，实在是很滑稽。一张大大的圆脸上配着一双小小的眼睛，家里人都开玩笑叫他"绿豆眼"。尤其在他笑的时候，五官都挤到一块，眼睛眯成一条缝，完全看不到黑眼球，呵呵。他的眉毛也很少，头发稀疏，一对招风耳像极了猪八戒的耳朵，像是会动似的，一扑一扇的。鼻子就更别提了，鼻梁完全是平面图形，鼻头像颗蒜一样贴在脸中央，还是朝天鼻，真担心下雨时雨水会漏到鼻子里呢！只有那张小嘴算是最漂亮的地方了，薄薄的嘴唇，棱角分明。唉！可惜还总流口水……

带着目的去观察，效果翻倍。

女儿读二年级的那年暑期，我带她到青城山小住。天热，我们喜欢在院子里吃饭，女儿发现地上有蚂蚁来搬我们掉落在地上的饭粒。我建议她写一篇观察日记。按照老习惯，我让女儿先说一遍，没想到，天天看蚂蚁，真要口述一篇作文，还是不知道该怎么说，老是卡壳。第二天，我们故意撒些菜和饭在地上，把蚂蚁引来后，母女俩就蹲在地上仔细观察，特别留意几只有代表性的蚂蚁，一边看，一边乐，一边说。这么一来，孩子提笔就有内容可写了。

女儿习作（二年级）：

蚂蚁吃饭

昨天晚上，蚂蚁可开心了！因为它们有晚饭吃了。

这天，我们在院子里吃饭。端汤的时候，我不小心洒了一点，被几只觅食的蚂蚁看见了。它们立即跑过去喝了起来。它们嘴角两边的小夹子一张一合的，好像在品尝味道呢！它们吃饱了就去叫好朋友们，不一会儿，就来了许多蚂蚁。

我想：如果晚饭只喝汤，那多不好呀！于是我又倒了一小块肉和几粒米饭给蚂蚁们。

它们一看天上掉馅饼了，就跑过来用小夹子拨动着，看看有多重。

有几只蚂蚁力气很大，小夹子把米饭一夹，就回洞了。那块小肉落地不久，就被一只蚂蚁发现了。它搬呀搬，那肉像被钉住了一样，一动也不动，它只好去找朋友们。每当它看见朋友时，它就用触角碰对方的触角，好像在说："快来呀，我们一起去搬肉！"不一会儿，就来了四只蚂蚁，它们各抬一个角，齐心协力，不一会儿就把肉抬进了洞。

还有一只蚂蚁好吃懒做，只顾自己吃不顾别人。不一会儿，它就吃撑着了，仰面朝天，那样子可真好笑。

为了训练孩子的观察力，有条件的家庭可以种些花草、养些小动物让孩子观察。你别说，养过小动物的孩子，写出来的东西就是有味道。

女儿习作（三年级）：

我的新朋友——仓鼠

上个星期，妈妈给我买了两只小仓鼠。

小小的耳朵，乌黑的眼睛，尖尖的小嘴，长长的黑胡子，身披灰大衣，四条短短的腿，细细的尾巴藏在毛里，真是可爱极了。它们一只眼睛大，一只耳朵小，所以我叫它们"大眼睛"和"小耳朵"。

它们很贪吃，我一放进食物，它俩就争着去抢。有一次，"小耳朵"在吃食，"大眼睛"急忙过去抢。"小耳朵"赶紧转了个身继续吃，就这样反复了几次，"大眼睛"终于放弃了。

它们喝水也很好玩，用舌头舔了舔管子里面的小珠子，水就流进了它们的嘴里。

它们也非常好动，有一次"小耳朵"在滚轮时，"大眼睛"也跑了上去，"小耳朵"只好踩在"大眼睛"的脖子上跑了。它们还喜欢钻地洞。钻地洞就是在木屑里钻来钻去，它们把木屑翻得到处都是，我不得不在底下垫张纸。这几天，它们又迷上了爬杆，爬上去又摔下来，摔下来又往上爬，真是乐此不疲呀！

睡觉时，它们的样子更可爱，有时像人一样仰面朝天躺着睡，有时像狗一样趴着睡，有时居然还倒立着睡，样子真是千奇百态。

你看，我的小仓鼠可爱吧！

说到观察，孩子往往只用眼睛看，很少动用其他器官，这样观察的结果就显得单一，描写起来也平淡无奇。我们称眼耳口鼻手为观察的五员大将，再加上一位统帅——心，带着心去感受，就有了自己的印记。想想，我们把视觉、听觉、味觉、嗅觉、触觉"五员大将"全部派上用场，观察效果就大不一样了。

父母怎样对孩子进行感觉训练呢？

"五员大将"可以分别进行相关的感觉训练。

视觉训练

铅笔、苹果、柳树、小弟弟的脸、仓鼠的模样，都可以用来训练孩子的观察力。捕捉观察对象的大小、形状、颜色、构造是基本要求，比如观察一块巧克力蛋糕，得看清楚蛋糕有几层，是什么形状的，几寸大，有哪些颜色，上面雕着什么花，等等。但要练就一双火眼金睛，就必须留意细微的地方——桌面的一丝划痕，纸上被擦去的字迹，嘴角一抹浅笑，缺了一角的钱币。观察力的高低就取决于观察者能否留意到这些不易察觉的细节，通常这些细节对于表现文章主题都是极其重要的。观察还要有序，无论是从外到内、从上到下，从左到右，还是从头到尾，从中间到两边，你得依照一种顺序，观察有序，流淌出来的文字才会有序。

听觉训练

我们每天都在接触各种声音，放学回家，敲门、开门、关门、走路、打开书包、拿本子、喝水，不同的动作会发出不同的声音。孩子留意到了吗？"咚咚""咔嚓""嘣""哒哒哒""吱——""咕咚"，拟声词会让我们的作文更有质感，更生动。让孩子闭上眼睛听四周的声音，猜测这个声音的来源。借用拟声词，用书面语表现听到的声音，是一项有趣的听觉训练。这是一位三年级的孩子描写的声音片段——

一天深夜，我家出现几只老鼠。它们"吱吱"地跑出来。我一翻身，它们又"哗啦哗啦"像风一样窜进洞里。一会儿它们又排着队"咚咚咚"地溜出来，"咕噜咕噜"地喝墙角的水，喝完还敢"哈——"地感叹一声。它们来到厨房"咔嚓咔嚓"地吃东西，一不小心可能撞到铃铛了，发出"丁零零"的声音。妈妈听见了，打开了卧室门，"哒哒哒"走进厨房……

——《收藏声音》 三年级 邓旖柔

其实，留意声音还可以给我们提供不同的描写角度。比如描写春天，很多人往往会写眼睛里看到的春色，为什么不考虑写写耳朵里的春天：淅淅沥沥的春雨、傍晚的蛙鸣、清脆的鸟叫等等，相比于前者，这个角度就新颖得多了。

味觉训练

用《我最喜欢吃的零食》《家乡的特色小吃》来训练孩子的味觉描写是最有针对性的。每一样食品，都有它独特的口感和味道。让孩子静心地闻一闻、嚼一嚼，就会有不一样的发现。现在人们的生活节奏很快，压力也大，行色匆匆，上帝所赋予我们的感官都迟钝了。许多美食，我们都像猪八戒吞人参果一样，囫囵吞下，毫不知味。真正细嚼慢咽，哪怕是白米饭都可以吃出香甜味来。孩子虽不能领略其中的禅意，但细细品味，也能获取不少乐趣。

学生习作（片段）：

姥爷端上一盘热气腾腾的钟水饺，一股香味顿时扑鼻而来。只见一个个胖乎乎的饺子穿着白色的外衣躺在盘子里，上面撒着蒜末和红油辣椒，让人顿时食欲大开。我不禁夹起一个来，轻轻咬了一口，汁水一下子溢进嘴里，里面有胡萝卜甜甜的味儿，有鲜香的肉味儿，真是又香又甜又辣，味道好极了！我迫不及待地夹起第二个，一口把它塞进嘴里，可是太烫，我只好把它吐了出来……

——《钟水饺》　四年级　刘峙江

嗅觉训练

前面提到了耳朵里的春天，那是从听觉角度进行的描写，我们还可以写鼻子里的春天——春天有属于她的味道：泥土的腥味，一夜春雨后空气的清新，花儿初绽的芬芳，草的味道……只要充分利用我们的感官，可以有许多新鲜的发现。

学生习作（片段）：

我两眼放光，鼻子里充满了糯米、豆粉、红糖、白芝麻混合在一起的香甜的味道。从叔叔手里接过盛了香甜的三大炮的小碗，真香啊！我舍不得一下把它消灭掉，便用小小的牙签叉起一个，闭着双眼，正准备细细地品尝美味的三大炮时，那稠稠的糖浆却抢先滚进了我嘴里，我咂咂嘴，那纯正的红糖味立刻渗进我的骨子里。我迫不及待地叉起第二个，嗯——软软的、黏黏的、滑滑的，味道好极了。

——《三大炮》 四年级 李雨珂

触觉训练

有一个游戏，让孩子在魔术箱里摸一摸，猜猜那是什么。很多老师会营造一种紧张的氛围，让孩子对箱子里的东西又好奇又恐惧。孩子摸到一个毛茸茸的东西，会觉得是蜘蛛；滑滑的长长的，以为是蛇。但结果都是虚惊一场。这是专门为训练触觉而设计的游戏，孩子需要通过所触摸的物品的质地、大小、构造来做出判断。当然，除了触摸、猜测，还有其他的方式训练，一样东西，孩子往往不会从触感上去描写。家长可以有意识地引导，比如：摸摸桃子毛茸茸的表面，和梨子、苹果做对比；摸摸柳树的树干，切实感受什么叫作粗糙；再摸摸它的嫩叶，体会新芽儿的细腻。

学生习作（片段）：

我先摸了摸，感觉比较重，我把它凑到鼻子跟前闻了闻，哎呀，好大一股塑胶味道，看来是用塑料做的。用指甲刮一刮，就发出"吱吱"的声音，让你觉得很不舒服，不过这说明这个东西上面有不少的纹路。我又摸了一下边框，嗯，是长方形，比语文书大一倍，中间还有一个和邮票差不多大小的按钮，冰冰凉凉的。会是什么呢？一个袋子？不对，袋子没有那么硬；一个大练习本？不可能，本子哪有这么轻？我把东西抱在怀里又摸了一遍，手不自觉地按到了按钮，啪，开了，我急忙顺着翻开盖子，里面有好多格子。啊哈，我知道了，为了保险，我又把刚才的特征全部想了一遍，对，就是它了——文件袋！

——《触摸游戏》 三年级 吴家睿

其实，视觉、听觉、嗅觉、味觉、触觉"五员大将"通常会轮番出场，只有动用了大部分感觉器官，我们的观察才会细致。这是起步阶段孩子最需要培养的能力。

下面是一位刚上三年级的小朋友动用"五员大将"观察口香糖后写的一篇习作，那叫一个细致啊——

五员大将"吃"食记

三年级　何明舟

我最喜欢的零食是大家都很熟悉的口香糖。但是，今天我要教你一招独特的吃法：用五员大将来"吃"。

我首先派出"眼睛"大将，看到了口香糖的包装纸大部分是浅绿色的，就像口香糖的房屋一样，正面有一个绿箭标志，箭两边各长着一棵幼小的树苗，总司令"大脑"猜测出可能是在说这种口香糖有一股跟树木般清爽的薄荷味吧！于是，我凑近口香糖，派小兵"鼻子"闻了闻包装袋，果然，一股清香扑鼻而来，真让我的高等兵"嘴"馋。"眼睛"大将还发现包装纸后面的环保小卫士正在提醒我千万不能乱扔垃圾呢！

我小心翼翼地撕开了包装纸，薄荷的清香味更浓了，我的口水差点儿都掉下来了。可是我想仔仔细细观察一下口香糖第二层包装纸，就又派出了"眼睛"大将。观察中，我发现，第二层锡箔纸就像口香糖穿的衬衫一样，锡箔纸不仅像一面反光镜，而且还能把我的样子照得跟蚂蚁一样小呢！莫非我来到"蚂蚁王国"了？哈，可真有趣！里面的包装纸还印着一些英文字母，边缘有一些尖尖的小锯齿。

口香糖的清香实在太诱人了，我太想吃了，于是"唰"的一声撕开锡箔纸，口香糖只剩下它光溜溜的身子了，它仿佛在对我唠叨："讨厌，我快冷死了，快把我放进你热乎乎的大嘴巴里让我暖和一会儿吧，阿……嚏！"

我实在忍不住了，本来要把口香糖一口吃到嘴巴里的，后来觉得吃口香糖还是得有点创意嘛，于是，我把口香糖撕成各种各样的形状，有的像弯弯的月牙，有的像串串相连的糖葫芦，还有的像甜津津的棒棒糖。我再慢慢地把口香糖一个一个放进我的嘴巴里，薄荷味太爽了，吃着它，我的嘴巴立刻凉爽起来了。轻轻哈一口气，嗓子会感到无比清爽，仿佛置身于大自然中吸收清新的空气。吃的过程中，低等兵"耳朵"还听见嚼口香糖的声音和吹泡泡爆破的声音呢！不过吃到最后，口香糖就变得寡淡无味，一点也不好吃啦。"眼睛"大将发现班上的王一多吃得更有特点，他把口香糖拉得跟兰州拉面一样，然后再把它放进嘴里。

怎么样，看了我的五员大将"吃"食记后，你是不是也心动了？那还等什么，赶紧买一样你喜欢的食品，创造出属于你的"吃"食记吧！

不要嫌这样的表述啰唆，更不要小看这样的练笔，对于三年级的孩子来说，这就像当年达·芬奇学画从画鸡蛋开始一样，用笔不厌其烦地描摹他观察到的事物。练习是有力量的，只有先走稳了，才可能提速。而这篇习作的唯一目的，就是训练孩子动用五种感官来细致观察。

至于管老师提出的"内在的发现"，已经属于观察的更高级别，除了用心体验，还需注入自己的情感。观察向内挖掘的过程会伴随着孩子的成长一步步走向深入。在第六章我也会涉及与写作相关的情感和思维力培养的话题。

4. 片段攻克法

对于细节描写能力较弱的孩子，我们可以采用片段练习来专项攻破。片段短小，无需开头结尾，无需考虑选材和中心。只针对某个细节，有时间就落笔写，没时间就口述，很容易操作。有一阵子，我发现女儿的写作速度很慢，主要是语感不够好，把看到的变成文字很困难，更糟糕的是，文章缺乏细节点。针对这一现象，我就采用了片段攻克法。

上学、放学的路上，有太多可以训练的地方。看到一位边骑电瓶车边打电话的人，口述他的动作；看到路旁掉光叶子的行道树，说几个比喻句；看到一幢特别的大楼，描述它的外观。那段时间，我跟女儿的班主任沟通，对她的作业做了暂时的调整，不写整篇作文，取而代之的是一个个小片段。我发现，经过一段时间的训练，女儿入笔就快多了，而且细节很到位，事实证明，这样的特训见效很快。

其实，在女儿刚学作文时，我就经常采用写片段的方式来训练她的细节描写能力。有一次，爸爸打了一个"惊天动地"的喷嚏，把我们吓了一跳。我突发奇想，让女儿来写这个"喷嚏"，当然，爸爸很配合，又回放了一次慢动作，这就是女儿一年级时最为得意的一篇习作——《爸爸打喷嚏》（片段）：

爸爸打起喷嚏真是惊天动地，只见爸爸的鼻子一耸一耸的，嘴巴张大，眼睛闭紧，阿、阿、阿、阿嚏，随着一声震耳欲聋的声音，喷嚏就打出来了。

这篇习作给女儿班上的老师和家长留下了深刻的印象，他们没有想到打喷嚏这么小的事情都可以写成日记。其实，生活中这样的片段训练点太多了。比如，"奶奶乐开了花""妹妹受委屈的样子"是专门训练神态描写的；"爸爸抽烟""爷爷洗脸"是专门训练动作描写的；"这座漂亮的大楼""冬天的行道树"是专门训练状物描写的；"央求爸爸买魔方""楼道上的争吵"是专门训练语言描写的；"投票之前的纠结""深夜独行小巷"是专门训练心理描写的……家长可以根据孩子的薄弱环节有针对性地训练。记住，落笔之前一定让孩子用心观察。

学生习作（片段）：

动作描写

爸爸从口袋里掏出一包香烟，看了一眼，发现里面还剩几支烟，便抽出一根，叼在嘴里，又从口袋里掏出打火机，用手拢着火苗，歪着头小心翼翼地凑近火苗，烟被点燃了。烟头的颜色由白变成了红，又由红变成了灰。他左手手指夹住香烟,慢慢地吸了一口,然后缓缓地吐出来。烟形成了一个大大的圈,爸爸的嘴也拱成了一个圈。

——《爸爸戒烟记》 三年级 向优民

我被黑色的绸带蒙住了眼睛,眼前一片漆黑。我试探着往前跨出一步,双手向前一伸,四处划拉了几下,什么也没有摸着。我再试着跨出一步,猜想:前面一定有人吧。我双手猛地一抱,哎……扑了个空。我谨慎地一步接一步地往前走,走走停停,只是听到了周围同学的声音,却一个也没有抓到。"哎哟!"我大叫一声,不知是谁打了我屁股一下,这下子把本来就没有抓到人的我惹火了,我也不管了,四处乱抓,脚也一通乱踢,可还是一无所获。

——《瞎子摸象》 五年级 林若唯

心理描写

漆黑的树影随着沙沙声一上一下地晃动着,我下意识地回头望望,什么也没有。一旁的路灯幽幽地散发出带着寒气的黄色光芒,无名的萤虫围着有裂纹的灯罩飞舞着,一只野猫从路边的灌木丛里蹿出,不紧不慢地从我面前踱过,转头看了我一眼后跳到对面的围墙上!它那琥珀色的狭长眼睛正好与我的目光相碰,我的脊背开始发凉。啪嗒!我冷不防踩到了一个松动的窨井盖,被这突如其来的响声吓得一步跳开。擦去额头上渗出来的一层细细的汗珠,使劲地用手揉搓发麻的手臂,我加快脚步走出黑暗。可是巷子好像一个无底洞,一个深渊,我一步一步地被吸进黑暗之中……

——《夜走深巷》 六年级 曾雨晨

总之,从孩子一开始学习写作,首要任务就是培养他们的细节意识,让每篇作文都绽放一朵细节之花。所谓细节之花,就是含有动作、神情、语言、心理活动的四个花瓣,对值得刻画的地方聚焦特写,力求每篇作文都饱满生动。

 教师课堂案例分享

#

一堂片段课的生成

方 媛

对于中低年级的孩子来说，细节描写是训练的重点，而片段训练是最好的方式。

以人物描写为例，很多孩子写人一定会写外貌，可是写出来的结果大多是"千人一面"，千篇一律。所以针对"如何描写人物外貌"这一个小点，我设计了一堂片段描写课来达到训练目的。

首先，一段沈石溪《白象家族》的故事讲述，将孩子们所有的注意力集中在了"门口站着一头可怜的小象……"上，这时我暂停了讲述，与孩子们开始互动："你们觉得，门口这只小象可怜在何处？"孩子们七嘴八舌："它身上一定有伤痕，说不定还流着血。""它肯定被雨水淋透了。""它又冷又饿。"……接着一段原文外貌描写的展示，让孩子们淋漓尽致地感受到"门口站着一头可怜的小象"。这个环节，让孩子们充分体会到外貌描写的妙处——展现特点。

孩子们思考的大门在此时已经打开，乘胜追击，我出示了一篇写得并不很详细的习作：

还记得那天是圣诞节，整个城市装扮一新，人们相互祝福着，到处都洋溢着节日的气息。

我背着书包，匆匆向家的方向奔去，爸爸妈妈应该为我准备好圣诞节礼物了吧，我期待着。穿过广场时，耳边传来一个微弱的声音："行行好吧……"我转身一看，是一个非常可怜的乞丐。

我掏出包里唯一的15块钱放进他的碗里，在这个欢乐的日子，这些钱应该能带给他一份慰藉吧。

这篇文章一出示，孩子们已经能非常敏锐地捕捉到有一处人物描写不够细致——"我转身一看，是一个非常可怜的乞丐。"这是我想要达到的目的。

我继续追问："那应该抓住这个乞丐的什么特点来写呢？""可怜！"孩子们齐声答道。"真好，你们已经懂得在写人物外貌时要抓住人物特点来描写了。"课堂上这样描述性的鼓励是必不可少的，这会不断地正向引导孩子们。

这时，一张小乞丐的图片展示在了孩子们面前，孩子们开始你一言我一语地描述着自己观察到的小乞丐的可怜之处，相当仔细，从凌乱的头发到肮脏的手指，从裸露的身子到摔伤的膝盖，有些地方，我在备课的时候都没有考虑到，比如乞丐面前的那个碗，乞丐身上的味道等等。我将他们的答案一一书写在黑板上。最后整体一看，他们笑了，发现如果按照黑板上的顺序来写，那简直是一个"乱七八糟"的小乞丐。顺势，孩子们一下子就领悟到，按一定顺序进行描写是非常有必要的。我鼓励孩子们用生动的语言描写小乞丐的外貌，10分钟的时间，孩子们完成了小片段。

现场片段完成展示：

我一转身，看见有一个小乞丐，他不满十岁，头发像鸡窝一样乱糟糟的，一根根头发油腻地绕在一起，像在头上盖上了一层黑色的棉花。他散发着浓浓的臭气，弥漫在空中，扩散开来。路人远远地闻到这浓浓的气味，都捏紧鼻子快步走开，根本不瞄这可怜的小乞丐一眼。他的身体赤裸裸的，骨瘦如柴，仿佛可以看到那一根根骨头和一条条血管。他的身上到处伤痕累累，腿断了一条，剩下的那一条到处都是瘀青。

现在正值冬季，为了在寒冷的冬天多一点儿温暖，他正尽力把一条破裤子往上拉。他的全部家当只有一条破破烂烂的红裤子和有破洞的小瓷碗，碗里却一分钱都没有。

——四年级 黄理强

我一转身，看见了一个破烂不堪的瓷碗，里面装着几角硬币。在一些碎瓷片旁边，坐着一个五六岁的小乞丐，在寒冬腊月中赤裸着全身，在寒风中瑟瑟发抖。只见他瘦骨嶙峋，摔破的膝盖上还有残留的血迹，身上到处都是瘀青的瘢痕。他的眼睛目不转睛地盯着那个破碗，他可能在想：大家可怜一下我吧！要是我今天讨不到钱，回去又要挨打了……又或者他在想：要是当初我没有和家人走散，今天也不会是这个样子了……他身上盖着一块破布，头发乱得像鸡窝，一看就知道他早已无家可归了。路过的行人有的向他投去鄙视的目光，有的对他做出厌恶的表情，而有的则直接绕开他行走。显然他并没有获得他们的同情。

他身上的那块破布又烂又脏，不知是从哪里捡来的，烂得只能勉强遮住他那幼小的身躯，但就是这块不起眼的破布，对他来说已经是无价之宝了，因为这块来之不易的破布可以为他挡风遮雨。

当我看到他泪眼婆娑时，我的心里特别难受，小小年纪的他实在是太可怜了。

——四年级　陈绎名

但这样的一堂训练课并不意味着这个描写点的结束，我们还可以生发出很多后续的训练点，比如：外貌描写写哪里；如何通过外貌表现人物的性格；在什么时候添加外貌描写……而这些，都可以通过设计片段课来一一突破。

"魔鬼训练"专项攻破

敬　迪

根据不同的强化需求，我们总会对孩子进行片段描写的练习。通常一个片段时间是5分钟左右——根据难度调整，字数则不少于100字。因为时间短、思维反应快、有硬性要求，这种练习又被孩子们称为"魔鬼训练"。

这类课堂上的片段练习，又可大致分为"补丁式"和"专训式"。

当孩子在某篇文章中出现了明显弱项或者缺乏相应重点描写时，我们可以趁机针对此类描写进行辅导，孩子们可以借此强化此类作文的描写技巧，进行描写片段练习，同时可对自己的作文进行修改。

例如四年级下期，一次《成都雨夜》的体验写作课上，四年级的孩子对写景作文的观察、移步换景、点面结合等都掌握得很好，然而对于景物描写的动静结合很难展开，尤其不知道如何写出景物的动态。因此，在课堂上，我们和孩子一起讨论，总结出"抠细节""加五感""动态词"和"高级修辞"等各种方法，趁热打铁，孩子们开始在自己的作文初稿中回忆、寻找动态细节，进行动静结合的片段描写，给自己的初稿打补丁。

以下是几位同学课堂上给自己作文初稿打的补丁：

对面的梧桐树长得怪模怪样，光秃秃的树枝顶端才聚集了几团绿油油的树叶，路上的水坑中映着它的身影，滴滴水珠落入水坑，树也仿佛游了起来。在温柔的灯光下，树木都被镀上了一层金边，梧桐树每一片轻巧纤薄的绿叶，都被映照得一半阴沉，一半光亮。

——李柯燃

那雪花般晶莹的雨丝落下来，池面被打出了无数水波，一时间水面就像画上了一个个圆圆的小句号。它们一圈接一圈地向外扩大着，最后消失。在逐渐亮起来的橙色路灯照射下，那雨点又像一大把豆子落进水里，在水中打出透明的水花。池里隐约出现红鱼的身影，它用粼粼水波遮挡着自己，免得被人发现，又不时调皮地溅出一些凉凉的水雾。

——张芷源

马路上铺了一层亮晶晶的雨水，小雨点打在马路上，激起层层涟漪，被路灯照得发亮。水波被灯光一照，形成圈圈金边，整条马路都是那金色的弧线，连在一起好似金色的鳞片，长长的道路被金鳞覆盖着，我走在路上，仿佛踏上一条金龙的脊背，它带着我穿过密密麻麻的车灯，飞向头顶灰蓝色的阴云。

——冯靖淳

有时课堂也可被设计为片段专训，专门围绕某项描写技巧，一堂课三四个魔鬼训练小片段，逐渐加大难度，让孩子在练习中逐渐掌握这类描写技巧。

例如在五年级进行"抽象动作"的描写训练中，我们通过分析例段、视频分解等，让孩子们在课堂上观察视频，逐渐练习，最终描写较为困难的"舞蹈动作"。孩子们在观看芭蕾舞《胡桃夹子——糖梅仙子之舞》片段后，交出极为出色的答卷：

她交换足尖落进舞池，整个人好像一只小巧的银锤，轻轻地敲打一根根无形的琴弦，奏出八音盒一般的轻快乐音；她又像是一位林间仙子，落在一片秋天飘落的银杏叶上，缓缓飘落草地，绽开的舞裙仿佛盛开的花。她的动作那样轻，每一步都像踏进松软、洁白的云。

——赵一霖

舞者仅用踮起的脚尖，运用那交错的步伐在舞池中旋转滑行，仿佛那双发亮的芭蕾舞鞋点过的每一片舞池，都结上一层洁白透亮的水晶。她的动作轻盈不已，让人感觉就算落在一片茉莉花的花瓣上，也不会落下去。伴着这阵舞步，舞者露出优雅可爱的笑容。

——王际翔

她迈动舞步缓缓向后退去，扬起的指尖在空中画出一道弧线，每当她落回舞台，就仿佛着陆在一条柔软的轻纱上，又仿佛点在一片轻轻一碰就会破碎的枯树叶上。渐渐地,她越跳越快,好似在霜面上滑行,足尖与舞池摩擦出片片火花,将整个舞台都点燃的同时,也点燃了观众的热情。

——马铭鸿

动作描写训练层级

（一至六年级）

层级	一年级	二年级	三年级上期	三年级下期	四年级上期	四年级下期	五年级上期	五年级下期	六年级上期	六年级下期
目标	启·趣		真·灵		美·详		深·广		精·通	
动作描写训练	1.在阅读中感悟动词用法 2.能在口语表达中灵活使用简单动词	1.准确性训练根据动作写动词 2.能在动作前使用简单的修饰语	1.区分动态与姿态 2.使用动作拆分法描写动作	1.动词的精准选择,做到不重复 2.关注动作的连贯性	1.使用慢动作回放法描写动作 2.筛选典型动作进行描写 3.能用修辞手法来描写动作	1.巩固动作拆分和慢动作回放法 2.动作与语言的自然结合 3.应急动作刻画	1.动作背后的情绪 2.动物的动作刻画	发现细微动作,突出人物性格特点	将动作描写与其他描写自然交融,服务主题	动作描写高阶训练:四字成语,修辞运用,侧重动作描写的文学性

观察力训练层级

（三至五年级）

层级	三年级上期	三年级下期	四年级上期	四年级下期	五年级上期	五年级下期
目标	真·灵		美·详		深·广	精·通
观察力训练	1. 使用"放大镜观察法" 2. 有序观察 3. 观察时加入自己的想象	初涉"五员大将观察法"，观察的器官可以多元化	1. 巧用拟声词，让文章有声有色 2. 生活化观察：有意识地积累素材 3. 抓主要特点进行观察	1. 聚焦描写：对关键人物或事物的聚焦观察法 2. 观察范围扩大	洞察力初探：独到的眼光，不同的感受	观察中的取舍，素材的筛选评估

苹果老师的叮咛

🟡 饱满生动的细节，是评判一篇文章优劣的要素之一。它是一篇文章的生命，是令读者阅读后最难忘的并反复回味的点滴，它以小见大，表现力极强。正如俄国作家果戈理所说："没有细节，便没有情节的生动性，形象的鲜明性，主题的深刻性。"

🟡 饱满的细节从哪里来呢？来自于有价值的选材，来自于细致的观察，更来自于长期有效的提笔训练。缺乏了这几点，一味地给孩子规定字数，逼着他写得多、写具体，其实就是逼着他写空话假话，最后的结果适得其反。

🟡 本章中提到的语言、动作、神态、心理等专项细节训练以及"五员大将观察法""片段攻克法"都是经过实践证明行之有效的一些方法，家长可以让孩子根据自己的薄弱环节进行有针对性的强化练习。

陆 让文章立起来的功夫
——立新"意",抒真"情"

家长最想知道

- 应该怎样训练孩子的思维能力,让孩子的作文有新意?
- 怎样让孩子的作文写出情感?
- 如何帮助孩子进行新鲜的表达?

什么能让一篇作文出彩?是题材、结构,还是修辞、细节?

都不是,这些都是外在的东西,属于"术"的层面。我以为,作文的核心在于情,在于感。这是真正的内核,关乎作文的优劣,但又远远超越了作文的范畴。

俗话说,功夫在诗外。学习写作,不能光去炼词造句,还需要炼心。孩子的思维力、洞察力、情感的积累,都是"诗外"的功夫,却直接影响着"诗内"的水准。

1. 让孩子的大脑动起来

思考是人的本能，也是一件幸福的事情。其实，孩子都喜欢动脑筋，小时候成天问这问那，不断用自己的方式探寻这个新鲜的世界。长大一点儿了，喜欢玩猜谜游戏、脑筋急转弯、故事接龙、走迷宫、找不同什么的，而且喜欢挑战高难度的等级。但随着年龄的增长，学业负担的加重，有的孩子就不太喜欢动脑筋了，学什么都是被动地接受。

我的学生小C就是这样的一个孩子。一上课就神情恍惚、神游四方，遇到难题就绕道。像这样的孩子不在少数。四体不勤的人就算可怕的了，最可怕的是脑不勤的人。懒懒散散、不爱思索，学什么都打折扣。

我想，这可能跟家长的引导有一定的关系。

思考是一种习惯，需要从小开始培养。会思考的孩子，写出来的作文会有独到的见解、新鲜的表达。

生活中的思考力训练

生活中有许多信手拈来的思考力训练。

春天到了，看见绽放的玉兰花，让孩子说说它像什么。不能只说一种，逼着他多想几种。父母可以和孩子一起来想象：像展翅欲飞的小鸟，像棉花球，像雪白的路灯，像漂亮的烛台……

孩子想买某样东西，或做出某种决定，请他说出五种能打动人的理由。

遇到困难了，能否找到三种以上的解决方法。

和孩子一起做游戏，让孩子自己设计一种棋的玩法，这些都是生活中的思维训练。

说到语言表达，有关思考力的训练点就更多了。

台灯是我们必需的生活用品，可以用文学的语言来解释它吗？

这个问题我曾经问过很多成年人，得到的答案基本一致："台灯是一种照明的工具。"想象力大幅缩水，真令人遗憾。孩子就不一样了，你看这些创意："台灯是飞蛾生命的终结地。""台灯是一个犹豫者，始终徘徊在开与关之间。""台灯是与金榜题名相伴的一件物品。"……

太阳像什么？别再说像火球了。

柳枝像什么？别再说像头发了。

小弟弟的脸像什么？别再说像红苹果了。

还有"圆的联想""给太阳下山找 N 种理由""天上掉馅饼的十种可能性""对每个阿拉伯数字进行形象联想"等等，逼着孩子把思维拓展得更广更深，表现在写作中，自然就会有不同寻常的新鲜表达。就像鲁迅把枯草比作铁丝，卡夫卡说伤口就像玫瑰花，都极有个性色彩，令人印象深刻。

请欣赏下面几首小诗——

露　珠

杜品豪

它总把自己当成珍珠，

时刻有掉下去的危险。

何不化入泥土，

让身体滋润那干涸的大地。

树

徐瑞佳

书

一页又一页

谁会想到

曾经

它是一棵树

钥　匙

冷劼汶

锁被锁在门上良久，

一直在等待能开启自己的钥匙。

我也在等待，

在角落里静静地等待，

能打开我心灵的那份安慰。

这几首诗，你能想到是五年级孩子写出来的吗？

思考力，给了他们创作的灵感。独特的视角，令诗歌立意不凡。

让孩子学会提问

提问是思考的起点、发现的起点、兴趣的起点。

在给孩子讲课的过程中，我发现不是每个孩子都爱提问、会提问。有的孩子一节课下来，除了漂亮的笔记，什么都没有留下。只有让他们学会提问，才能唤起他们主动探究的热情。为此我给孩子们做了一次提问的专训。下面是我的课堂实录——

我给孩子们讲最近一次"苹果树下"老师的文化之旅——吴哥考察。一边放PPT，一边给孩子们简单讲述吴哥王朝、建筑艺术、民风民俗，讲完后我开始让孩子提问，就刚才我的叙述提出值得探索的问题。刚开始，没有一个孩子敢提问，全班一片沉默。在我鼓励的眼神下，第一个孩子怯怯地站起来："那个寺庙的楼梯为什么这么陡？""问得好！你问到了建筑设计方面的问题，其实这里面又和宗教信仰有关。为了让后世一直尊崇神灵，所以梯子要修得陡直，爬上爬下自然手脚并用，体态上显得恭敬虔诚。当然，中国也有类似的设计……"顺便又延伸了一下。受到鼓励的孩子开始放胆了，问题一个接一个："为什么吴哥王朝这么强大后来还是衰亡了？""为什么门前的神兽都被砍掉了右手？""为什么洞里萨湖的那些越南难民不到陆地上却要生活在水上？""要修建吴哥窟，需要花多少时间啊？"问题五花八门，涉及宗教、外交、历史，大多数问题我都没有回答，因为答案不是这节课的重点，提问的勇气和激情才是我要的结果。

最后，我对孩子们讲，思考，是上帝赋予人类的力量。我们许多人却放弃了它。缺乏思考力，被动地接受，无异于收录机。今天这堂课是我们的一个尝试，既然我们能对一堆图片提问，以后，面对真正的古迹时，我们会发问，翻阅一本书时，我们会思考，看到一些现象、听到一些言论时，我们会斟酌。思考深入下去了，这个人就立起来了！

其实，作为和孩子朝夕相处的父母，比老师更有机会给予孩子思维的深度引导。比如每天吃饭时的讨论，饭后散步的聊天……生活中的种种现象都是值得探讨的话题。

旅途中，更是训练孩子思维的好时机。让孩子就所见到的地貌、气候、建筑、历史遗迹进行对比、提问、思索、发现，一次旅行下来，领悟得会更深更透，比之傻玩，收获大得多。

有一年暑期，我们带女儿到西北旅游，从兰州开始，我们就坚持行一路，问一路。有时候是父母发问，让孩子回答，有时候是孩子提问，而后者是我们极为鼓励的。通过发问，我们能看出孩子的观察和思考能力。

来到黄河边，看滔滔黄河水，女儿会思考：为什么河水这么黄？长江和黄河的源头都在青海，为什么颜色到后来就不一样？这涉及流域的地质情况。

爸爸有足够的知识应对孩子的提问。

也是在这里,我们抛出了一系列问题:为什么有羊皮筏子?(低幼级)为什么称黄河是中华儿女的母亲河?(进阶级)黄河铁桥的对面半山建了座佛教寺院,而左右两旁都是伊斯兰教清真寺,你有什么感受?(高难度级别)

到了敦煌,除了我们提问,孩子的问题就更多了:为什么这些壁画和木质的结构能够保存这么久呢?为什么有的洞窟顶端是黑的,是被火烧过,还是有烟熏过?为什么飞天的造型有男有女,装扮也不一样?这些问题,有的我们能回答,有的请专业的导游指点迷津,还有一些有待回家查资料求证。

经常有意识地做这些思维训练,孩子会养成一种探究的习惯,这种习惯无疑会使孩子终身受益。

饭桌上的讨论与交流

我一直很好奇每个家庭的晚餐时间在说些什么。这是一天中难得的沟通时间,一家人围坐在饭桌旁,一边吃,一边聊,没有训斥,没有灌输,只有平等轻松的交流,这是多么愉快的时光啊。我至今还记得小时候全家坐在小矮凳上吃饭的景象。平日里沉默寡言的工程师父亲总是饭桌上最健谈的人,他会给母亲聊工作上的事情,这也是他唯一的话题。母亲是最好的听众,时不时应和几句。我和妹妹听得似懂非懂,但久而久之,父亲对待工作的认真和严谨,对人情世故的判断,处理紧急情况的冷静深深地影响了我们。后来,我做了教师,妹妹当了法官,我们姐妹俩在各自工作中的行为处事都有父亲做事风格的印记。所以,我觉得饭桌上的话题很重要,有一双小耳朵在接收信号呢。

如果说父亲在饭桌上的谈话对我们的影响是无心插柳,那么现在为人父母的我们,应该比老一辈更懂得把握饭桌交流的好时机。除了给孩子分享一些好的故事,还可以和孩子探讨一些社会现象,帮助孩子理清思路,解答他的困惑。饭桌聊天是一种很好的导引，能培养孩子的深度思考能力。

有一次吃饭时，女儿跟我讲，老师不允许学生带玩具到学校玩，好多同学都对此有意见，她想听听我的看法。我反问她："你怎么看？"

女儿说："我觉得老师做得对，学生应该以学习为主，带玩具到学校会影响学习的。"我有些惊讶，孩子这么认为，不知道是过于听话，还是为了取悦于我。同时，我也有些担心，孩子是不是太缺乏质疑精神了。我说出了我的看法："妈妈觉得老师的这个规定不太合理。""为什么？"孩子很奇怪。"学校不仅是学习的地方，也是和同学一起玩耍的地方，适当带些玩具和同学一起玩，能增加趣味，也增进同学间的友谊。""但是有的同学会在课堂上玩啊！""老师可以制定明确的奖惩措施，上课玩，就得没收玩具，也可以规定这些自制力比较差的同学不可以带玩具。但因为一两个同学的错误而惩罚全班同学都不带玩具，这叫因噎废食。更何况对于那些上课开小差的同学，你不同意他带这个玩具，他可以带另外的玩具，你什么都不让带，他还是能找到玩的东西。缺乏内在的学习动力，任何形式上的规定都解决不了问题。"听我这么一分析，孩子连连点头。还没完呢，鉴于老师已经做出了规定，我又补充了一点："虽然妈妈不赞同老师的做法，但也能理解她的无奈，毕竟这么大个班，有时候没有精力照顾个体差异，只能一刀切。你可以礼貌地向老师提出自己的看法，但在老师改变主意前，作为班干部，要带头遵守，服从规定，这是一个起码的原则。"面对五年级的女儿，我必须教她行为处事的规矩。

这样的讨论还时常出现在我和女儿的散步途中、放学回家的路上。孩子尊重我的观点，我也接受彼此的分歧，从不强求她和我保持一致。一直以来，我们家都遵循这样一个基本原则，行为上规范，思想上解放。我们鼓励女儿独立思考，发表自己的见解，从不约束她的想法。在这样的氛围里，女儿放开手脚地去探索和发现，常常和我们分享她的"理论"。读了中西方两位动物小说作家沈石溪和西顿的系列作品后，她会做比较，都是写动物，有什么不同；读了《水浒传》后，她发现《水浒传》里并不是每个人都不能善终，但大多数英雄好汉的死与宋江的投诚或多或少有些关系；她还发现施耐庵笔下的人物大多姓杨，不知道是不是和北宋的杨家将有关系；她还说四种人不能看四大古典名著——没有工作的人最好不要看《三国》，因为会嫉妒里面的人物都重任在身；没有朋友的人最好不要看《水浒》，因为里面侠肝义胆的兄弟会让他垂涎三尺；没有谈恋爱的人最好不要看《红楼梦》；基督教徒最好不要看《西游记》。不管孩子的观点是否正确，我们都对她的思考表示赞赏。更多的时候，我们会参与她的奇思妙想。有一次她看了一部纪录片，讲的是有个推销员被晴空霹雳击中身亡。她想了想，提出一个解决方案，说我们可不可以快速判断天上的雷电是正极还是负极，然后迅速改变自己的电极，同性相斥，就可以不被击中了。我肯定了她这个大胆的想法，但告诉她雷电速度超级快，恐怕很难及时做出反应。她想了想说，也是这个道理，最好有一种仪器能预知雷电的方向和电极，人们就可以提前做好准备了。

　　总之，珍惜一家人在饭桌上的讨论和交流，话题尽量扩大，从历史人物到社会现象，从电视节目到一本新书，从学校新规到为人处世，都可以成为聊天的话题。孩子比较小的时候，还不善于找话题，那父母就得占主导，甚至有时候，发现有值得交流的话题，为了防止遗忘，可以写在小本子上，在饭前翻阅提醒一下自己，这样可以避免因找不到话题而出现冷场。在这样的交流中，孩子能接收到父母的智慧浸润，增强对事情的判断理解，学会个人观点的表达方式，甚至培养寻找聊天话题的能力，这是一种重要的社交能力。最重要的是，每一个晚上的饭桌聊天时光，会成为孩子生命中一去不复返的幸福记忆。

呵护想象力，提升思辨力

女儿一直相信有圣诞老人，因为每个圣诞节她都会如愿得到心仪的礼物。我们也一直呵护着这份难得的童心，从不拆穿。四年级的时候，她为此和同学发生争执，同学笑她傻，说没有圣诞老人，她不相信。她给圣诞老人写信，希望能见一面。我们以圣诞老人的名义给她回信，让孩子惊喜异常。第二年，我们如法炮制，又写了一封英文信给她。其实，随着女儿年龄的增长，她早晚会知道圣诞老人的扮演者是谁，但我们不想过早地人为拆穿，撕毁孩子的梦，以后有的是时间让她探索真相，走向理智，为什么要这么早地让她脱离童话世界呢？我们想尽量延长女儿的童年时光，让她的想象力能在这个纯净岁月中尽情发酵，激发出一生的创造力。

女儿习作：

最美的谎言

十一岁以前我一直对这世上有圣诞老人一事深信不疑。每当圣诞节前夕，我都会把给圣诞老人写的信放在床头，带着能偷看他一眼的兴奋入睡。

每年的12月25号天亮前，我一定会早早醒来，带着惊喜寻找圣诞老人给我的礼物。到现在，我总共收到五件礼物了：蛋糕、自动铅笔、突然来访的小狗米米，还有一堆玩具、三封邮件！

在我七岁时，我曾让在山里写作的妈妈帮我给圣诞老人写了一封信，挂在了青城山的大树上。那次我兴奋了一夜，也忐忑了一夜：圣诞老人会不会来啊？他会不会郑重其事地叫醒我，送我礼物呢？第二天，我心满意足地收到了圣诞老人的祝福——一个香喷喷的蛋糕，这正是我最期盼的礼物！在我九岁时，我爱上了狗，对圣诞老人说："我想要一只小狗。"圣诞老人没有答应，他却用了"神力"，让楼下张阿姨带着小狗米米上来做客了，真令人吃惊，那时已经是11点了啊！

惊喜不断，疑问也不断，在"圣诞老人"给我的信件中，出现了不少老妈的信息。在十岁那年"圣诞老人"给我的信里写道："我时时刻刻都在关照你，我可能是一株小草、一丝春风、一缕阳光，也可能就是你的父母……"我想见见他，结果他在我十一岁那年来信说不能在人间留下痕迹，但他给我留下了一个老妈的指印。这就更可疑了。再加上我和同学争论世上到底有没有圣诞老人时，我总说不过他们，这使我开始怀疑自己的判断，脑海里时常响起同学的话："那肯定是你爸妈干的！"是啊，那信里的文字流淌的就是妈妈的笔法啊。我也问过她，可她矢口否认。

慢慢地，我长大了，渐渐知道了这一切都是爸爸妈妈的所作所为呀。小时候我不明白他们的用心良苦，可现在懂了，爸妈是想让我生活在一个纯净的幻想世界中，不愿现实过早地打扰我的美梦。所以，这个谎言一直延续了好多年。

而每年的12月24日的晚上，不知道还有多少父母在对孩子说着这最美的谎言……

除了呵护女儿的想象力，我们也会通过讨论、辩论，有意识地帮助孩子拓宽看问题的角度，提升她的思辨力。我们经常探讨一些社会现象，比如"奥数该不该禁止""城市该不该为高考禁音""修剪行道树的利弊""该如何对待乞丐"等等。为了引导孩子，我常常在背地里查阅资料写提纲，为每次讨论"备课"，我觉得自己像一个披荆斩棘的探路者，带领着孩子走向问题的纵深处。

国庆大假结束，孩子的外公、外婆还有小姨一家离开成都回深圳了。从团聚到离别，我和女儿都感到很落寞。

我一边陪女儿在院子里散心，一边开导她："月有阴晴圆缺，人有悲欢离合，此事古难全。有聚就有散，要学会调整自己的心情。"

我又说:"虽然家人团聚的时光很幸福,但不可能长期这样下去,天天只是吃喝玩乐不干正事,久了也会觉得乏味。我们得有自己的工作,为了下一次聚会,我们得好好工作,好好储备能量,下一次相聚,才有新鲜的东西可以交流。"女儿点点头,接受了我的说法。

中午,女儿跟我说:"叔叔告诉我以后人和机器同体,就不用担忧生老病死了。我觉得反倒不好。"

我问:"为什么?"

她说:"人生就像一次旅行,没有终点的话,就会让人乏味。我喜欢青城山,但让我一步不离开这个地方,住个十天半个月都难受得很。"

我说:"是啊,人生的魅力在于变化。"

女儿补充:"人生的魅力不仅在于变化,还在于有终结。"

我赞赏:"说得好,有始有终,有聚有散,有悲有喜,生活就是这样!"

晚上,她要写一篇周末作文,我提议可以写团聚和分离这件事,让她朝哲理的方向写,女儿很兴奋,说又有一篇优秀的作文将要出炉了。

女儿习作:

昨天的团聚

前不久,深圳的小姨一家回来和我们过中秋了。从那天起,我们家这口一直平静的锅沸腾了。我一放假,就去陪小姨吃川菜、火锅。从城中心的"麻辣空间"一路吃到青城山脚下的"何豆花"。直到大家都吃得厌烦了,才停止这唠叨家常、回味乡情的"四川特色食品节",如果说"民以食为天"是上联,可不能缺少一副下联:人以玩为地。青城山的别墅成了狂欢"战场":我和表弟果果从二楼卧室打到一楼阳台,等待老爸来结束这场战争;舅爷和小姨父在阳台上吞云吐雾;小姨和老妈则躺在沙发上闲聊;婆婆与舅婆的爱好则在于把房子从上到下打扫一遍又一遍。

可是，这口锅中的团聚汤没能沸腾多久。今天他们回成都了，明天就要回深圳，离开这天府之国，离开我们。我看着他们驱车而去，惆怅万分，甚至怨恨他们为何不定居成都，还非要弄出个伤感离别。妈妈似乎看透了我的心思，拍了拍我的头，告诉我："人有悲欢离合，月有阴晴圆缺。你就别伤心了，今天的离别是为了明天的团聚呀。"我想想，也是这个理。

回到家中，我突然想起叔叔曾说，人类都人机合体了，还担心什么死亡哟？可是我对什么长生不老不感兴趣，人的一生正是因为有了变化才变得有趣，才让人珍惜。如果人人都和《不老泉》这本书里那家人一样，生命永远没有终点，那不知有多少人会羡慕那些可以死的人了。

小姨如果一直和我们无忧无虑地待在一起，不想工作，不思学习，那过不了几天，我们就会厌烦的。我想，在这离别的时光中，我们的各自奋斗，就是为了在下一次团聚中能和大家分享自己的惊喜和变化。

有聚有散，有喜有悲，这或许就是生活的滋味吧。

家长的智慧决定了孩子的智慧。没有哪个孩子天生就会思辨，只有在一次次的探讨和反思中，才会逐步形成自己独到的看法。父母的影响不可小觑。孩子思想的深度来源于父母智慧的高度。打个不太恰当的比方，父母想让孩子到达100米的高度，但自己只有10米，怎能托起孩子到达100米的高度？唯一的可能是家长自己达到95米，再举手一托，孩子轻而易举就达到了理想的高度。

带孩子外出旅游、参加有益的活动，也是拓宽眼界、增加阅历的必修课。我们都知道闭门造不出车来，让孩子成天生活在两点一线，封闭在狭小的圈子里，对他的成长是无益的。我从不吝惜时间让孩子走出校门，在更大的课堂里学习。除了寒暑假的旅游，平时我也会逮住机会带孩子外出学习。画院周五的讲座，我们几乎每次都参加；国际木偶节期间，我们连看了四场演出；

地震后的那年春节，我带着孩子在汉旺重灾区当义工；我们甚至请假带孩子去看音乐剧、采春茶、学习太极拳，增长她的见识。由于工作的关系，我常常接待一些主编、作家、诗人和学者，我都会带着女儿和他们聊天，和优秀的人接触，会领略到他们的智慧和个性魅力。

总之，在生活中有意识地寻找思维训练点，在茶余饭后和孩子聊天讨论，给孩子提供拓展视野的机会，尊重孩子的想法，用家长的智慧引领孩子，就更容易培育出爱动脑筋、会动脑筋的孩子。

回到写作的话题，近几年高考语文新大纲对作文发展等级做出明确的要求：深刻，透过现象深入本质，观点有启发性；有创新，见解新颖，材料新鲜，构思新巧，有个性特征。对于小学生来讲，我们同样提倡孩子写作要有独到的见解、新鲜的表达。而这一切，跟孩子的思考力密不可分。

比如选材，以《我和××》为例，大多数孩子都会写《我和妈妈》《我和好朋友》《我和书》等相对普通的选材。如果能在这个××上独辟蹊径，选材就显得新颖了，如：《我和影子》《我和那个背影》《我和好朋友——床》。

比如角度，以《一堂××的课》为例，大多数孩子会写课堂的精彩或乏味，老师不在时纪律有多糟糕，和同学秘密传纸条等常见事件，但有一位学生写的是《一堂变了味儿的公开课》，反映一个公开的秘密——老师"做"课的虚假，公开课上的师生演戏，以此来讽刺公开课现象，见解深刻而独到。

比如结构，用说明文的方式来介绍自己，给自己写一份产品说明书；用对话体的方式来写湖边的春色，让燕子与柳树、桃花、迎春花、湖水对话，让景物自己说出在春天里的变化和感受；用小标题的方式来写班里的四位知名人士，最蛮横的、最贪吃的、最有才的、最搞笑的；用书信体来写一件被抛弃的玩具的伤心，让它给主人写信……

持之以恒的思维训练会让孩子建立创新的意识，探索与众不同的见解。

女儿五年级时写了一篇《属于自己的精彩》。她在题目中的"自己"二字上做了文章，认为"自己"不一定是作者本人，可以是别的东西，甚至是没有生命的东西，于是，她选择了气囊、垃圾桶、橡皮擦、粉蝶等事物，写出了它们精彩的一面，凸显出这样一个主题：每一样东西都有属于自己的精彩，但精彩的背后是辛苦的付出。

女儿习作（五年级）：

属于自己的精彩

我是汽车中的气囊，我的职责就是在汽车失控之后保护主人。在我从套子里弹出来，像天使一般保护主人时，我备感幸福。我拯救了一个生命！我知道，这是属于我的精彩。

我灰扑扑地站在路边，眯缝着眼睛仔细看着每一个过路的行人——我是一个垃圾桶。没人爱我，但我爱张大嘴巴吞掉人们的废弃品，这种时候，我有了属于自己的精彩。

啪！一粒白色的卵落在了叶子上，我的精彩开始了！我是一只粉蝶，正在产下后代呢。我的生命虽然短暂，但是我有一个目标：产卵。我一次可以产很多卵。之后，我的生命就结束了。但我的精彩不会终结，因为这份精彩将在我的孩子身上得以延续。

人人都说我是世上最没文化的东西，因为我是橡皮！但是我牺牲了自己，造福了别人。我每擦去一个错字时，就有一种成就感：这是我的精彩！

我是一颗种子——榕树种子，此时，我被埋在土中，等待发芽。我梦想着有朝一日属于我的精彩：把外衣剥去，长出根须，这个精彩越大，我的生命就越饱满。

我，是一个五年级的小学生，我也有我的精彩：当选大队委，主持开学典礼，登上奥赛作文的领奖台……但这些都很微不足道，我觉得最精彩的场景是我一岁时在一片有鸽群的草地上迈开人生的第一步，那是我精彩人生的开端！

每样东西都有属于自己的精彩，但是，你知道吗？在这些精彩的背后，都蕴含着许多故事和付出……

我也看过其他同学写的这个命题作文，大多写自己成功的一件事，相比之下，女儿的这篇作文，文笔虽然不够华丽，但无论从结构还是选材上都显得更有新意，立意也不一般，显示出独到的见解，这就是我们提倡的创新作文。

我曾经看过一组摄影作品，拍的是残荷。冬日的荷塘在常人眼中是多么无趣，枯枝败叶，颜色单调，一派凋蔽景象。然而在作者眼中，冬日荷塘却是一幅幅水墨抽象画，其奇特的形象，给人以无限遐想的空间。

我们不仅要有一双明亮的眼睛，我们还需要独到的眼光！而这样的眼光，决定了写作的深度和新鲜度。

2. 让孩子的情感更丰富

一篇好文章，除了有能立起来的"意"，还要有打动人的"情"。

文论家刘勰说"情以物迁，辞以情发"，叶圣陶老人也说"心有所思，情有所感，而后有所撰作"。"文章不是无情物"，写作，就是抒发内心感受，真情才能动人。没有敏锐的感触，内心是一片情感的荒漠，怎能写出打动人心的作品？

平时教学生写作文，最头疼的是两个：一是选材，身处五彩缤纷的世界，却找不到可写的素材；二是情感，作为家中的小太阳被爱包裹着，却毫无知觉。

而这两点，恰恰是老师最感无力的地方。可以点拨，可以引导，但巧妇难为无米之炊，孩子的内心世界是空的，怎么点拨引导都没用。孩子的生活，老师无法替代，全靠家长在日常生活中抓住各种契机对孩子进行培养。

爱就要说出来

《我的妈妈》，几乎是每个孩子都会写到的一篇作文。我也曾经指导过学生。按理说，母亲是天下最爱自己的人，写母亲，最能牵扯出内心的情感波澜。古往今来，有多少写母亲的名篇让人潸然泪下。可是让我们的孩子来写母亲，情况就完全不是这样了。

有一次，我让孩子赶在母亲节前给妈妈写一封感恩信。为了营造氛围，我先朗诵了谢尔·希尔弗斯坦的《爱心树》，很多孩子看过这本书，但第一次听我配乐朗读，还是感动得泪光盈盈，有的甚至泣不成声。听完后，让孩子们聊聊感受，他们谈得很好，体会非常到位：有的说自己很内疚，就像书中那个小男孩一样只知索取；有的说太喜欢这棵大树了，她心甘情愿地为孩子付出一切，就像我们的爸爸妈妈。我趁机提出问题：父母是怎样为我们付出爱的？举个例子说说。当然，我给了一个附加条件，不得说"送伞""送衣""夜送医院"这样的老三篇。结果教室里一片沉默，我嗅到了荒漠的干涸气息，是情感的荒漠啊。我热切地投射出期待的目光，没有孩子敢迎接我的目光，他们把头埋得低低的，或者假装在本子上写着什么。

说一件父母爱自己的事情，真的有这么难吗？父母之爱绵密细腻、无微不至，并非生死攸关才能体现。繁体字的爱，里面有个心，我对孩子们说，爱是需要用心付出和感受的。平日里，父母为我们洗衣做饭、嘘寒问暖，是永不罢工的厨师、保姆，无比准时的司机、闹钟，超级主动的削水果机、喝水提醒器……父母付出了时间、金钱、青春甚至自己的健康，可是，我们的孩子却把这些看作是父母的理所应当，毫无知觉地照单全收。没有"爱"的捕捉，怎谈感恩和回报？

当时我的女儿不在这个课堂，我不知道她若在，是否也会陷入这样的沉默。她并不知道，每天早上挣扎着起来给她梳头做饭，晚上跑几趟给她盖被子的是妈妈；连续熬了几个晚上赶稿子，就是为了腾出三天假期陪她畅玩的是妈妈；赶在换季前备好新衣，在网上大搜索购买每个年龄阶段适宜的书籍，背地里与老师沟通，请老师谅解她睡过头而迟到的，都是妈妈。母亲在做这一切的时候，其实很快乐，无须回报，只想孩子能收到爱的信息，他们收到了吗？

孩子懵懂无知，父母要学会引导。

我们不能当默默的付出者，爱她就要说出来。中国人大多不善于表达情感，面对孩子，我们必须得敞开心扉，学会表达爱。

孩子小时候，我们抚摩、拥抱、亲吻他们，对他们低语："宝贝儿，妈妈爱你！"孩子渐渐长大，这些动作不应该省略，因为他们永远都需要这样的爱抚，这会使他们的情绪更加安宁、松弛。当一个人安全感足够的时候，他的心会少很多防备，变得柔和温厚。对于会识字的孩子，除了拥抱抚摩，写信、放小纸条也是一种很好的交流方式。相比于口头语和肢体语言，书面的东西会更长久地保留并产生影响。

女儿七岁起，我就开始给她写生日信。第一次给她念信的时候，她似懂非懂，完全不配合我的心情，信还没念完，人就跑到桌子底下了。第二年，她能认真听完我的信，然后抱着我亲了一口。此后，每年生日，她最期盼的就是我的信，读信成了一个盛大的仪式，不可或缺。通过一封封生日信，孩子读出了母亲的爱、赞美和期许，孩子也慢慢学会了表达。她会提前半年为我们准备生日礼物，守口如瓶，直到生日当天才会拿出来；她会在父亲节的时候给爸爸画一幅画，上面写着几行诗句：

有一天，太阳从东方落下，西方升起；

有一天，海豚从水中跃起，展翅飞翔；

有一天，树木从高长到低，花草越长越高；

如果有那么一天，我想你从我的肚子里钻出来，

我做你的——妈妈！

教会孩子感恩，是重要的一课。

你给自己的父母送礼物，要让孩子看到；给老人打电话问候，要让孩子听到，甚至故意做给孩子看。父母是孩子最好的老师，言传身教，自然能让孩子耳濡目染。孩子毕业了、转学了，要带着孩子拜谢老师，一束花、一盒糖，小小的礼物承载了孩子的感恩举动。平日里见到一些感人的事件，孩子可能没有捕捉到，您要点出来：你看那位抱着婴儿的妈妈，为了让孩子好好睡觉，好长时间都没有换手，她的手一定酸痛了。你同学的爸爸实在了不起，四年了，每天都来接送孩子，听说今年夏天陪女儿去游泳，中暑晕倒了，第二天刚好一点，又接着陪女儿，她爸爸都快五十了，真不容易……这些画外配音，输入给孩子的是情感体验，多多少少会触动他们的心灵，他们会不经意联想到自己的父母，从而更能体会父母的爱。有了这样的情感累积，让他们再写《我的妈妈》《我的爸爸》，就不会咬着笔杆不知从何下笔了。

学生习作：

天使最美

六年级　贺天香

每个孩子在未降临人间时都是一个小天使，上帝为了保护他们，便在众多大天使中为他们挑选出最可亲的天使，让这个天使一辈子守护小天使，一生一世，永不分离。

当我们降临到人间，当我们呱呱啼哭，是谁摇着拨浪鼓微笑着说"不怕不怕"？是她——我的天使。是谁捧着我们粉嫩的小脸不停地摩挲，爱怜地将我们置于她温暖的手心下？是天使。是谁在我们蹒跚学步时一步不离地守护着我们？还是天使。

当我们上学时，是谁依依不舍、千叮咛万嘱咐地叫我们上课认真听讲？是天使。是谁仍不放心悄悄从学校栅栏向里张望？也是天使。是谁在我们回家时为我们烧好一桌可口的饭菜？还是天使。是谁一字一句教我们读书念字？依然是天使。

记得我感冒时，天使冒雨赶路去医院。多大的雨啊，竟一滴也没有落在我身上。原来是天使用翅膀遮着我，而她自己，却淋得如同一只落水鸡，那双湿淋淋的翅膀，成了我童年中一抹最温暖的记忆。来到医院，是她用柔和的嗓音说："不怕不怕。"是她在我的病床前陪我度过了不眠之夜，是她为了我付出了一切……

当我们一天天长大时，怎能忘了天使？天使老了，但她对我们的爱怜之心永远未变。天使问我："为什么你要照顾我？快去，不要因为我而耽误了你的事情。"我只会轻轻在她耳边说："你守护了我一辈子。我，也要守护你一生一世。"

朦胧记忆中，上帝在我降临人间时，对我曾说过这样一句话："守护你的天使名字很美，叫'妈妈'。"

微笑着望向天空，天空蓝得那么纯净，仿佛映出了你的脸。我幸福地大叫："谢谢你，我的天使！"

不"多愁"要"善感"

都说少年不识愁滋味，这是为什么呢？一来是孩子经历少，承担的少，还没有到愁的年龄；二来也跟孩子内心情感的关注点有关，孩子关注更多的是具体的事情，如抓鱼、拼图、过家家，或者是自己的想象世界。那些最牵扯人情思的人情世故、悲欢离合、成败得失并不是孩子的关注重点，即便孩子心思细腻，也会因为注意力转移快，很快就忘却，比如他闯了祸，挨了骂，受了委屈，前一分钟都还伤心大哭，后一分钟就被别的事情吸引去了，你还没有缓过劲儿来，他早就没事儿了。难怪我们有时骂孩子"没心没肺"。这其实非常正常，符合孩子的年龄特点。但写作文的时候，如果孩子没有饱满的情感体验，又怎能写出真情实感呢？是的，我们不愿意自己的孩子"多愁善感"，可对于写作者来说，可以不"多愁"，但必须"善感"。因此，父母要训练孩子的敏感力。

孩子本来天生敏感细腻，可是我们发现现在的孩子，情感变得越发迟钝粗糙。春风拂面时他没有惬意感，落叶纷飞时他没有悲悯心，对母亲的辛劳视若无睹，对出差在外的父亲没有思念，简单说，就是少了感动。

是什么原因呢？我想，应归罪于程序化的生活！

因此，我们可以从以下几个方面有意识地训练孩子的敏感力——

（1）解放孩子的时间

急功近利的家长们把孩子的每一分每一秒都安排满了，看上去很高效，实际上是剥夺了孩子观察世界的机会，剥夺了他们沉思、想象的机会。我常跟那些抱怨孩子写不出作文的家长开玩笑说，知道沈从文是怎么成为大家的吗？逃学逃的。他笔下生动的湘西世界全是他在校外溜达观察出来的呀，这些是在课本里学不到的。你们不准孩子在放学路上逗留，一看孩子发呆就着急，他怎么有素材可写？生活多姿多彩，每天都在发生不同的事情：和好朋友吵架了，同学的爸爸当着全班的面抽了他一耳光，在学校被老师误会了，路边摆摊的那位老奶奶包的饺子好香，杂货铺老板家里的母猫生了两只小猫仔……可这些鲜活的事情发生的时候，往往会被家长和孩子忽略。因为他们的心已经被程序化的生活和学习塞满了。当心被塞满，怎么能腾出一小点儿敏感去体悟周遭的一切，哪能写出令人感动、充满灵性的文字？所以，敏感力训练的第一步，就是解放孩子的时间。

（2）带着孩子去感受

带着孩子去感受，且不吝惜时间。秋天来了，落叶纷飞，铺满了一地，和孩子到林子里踩树叶，听那咔嚓咔嚓的脆响，打一次树叶仗，任凭欢笑装满树林。夏天，到沟渠边捉螃蟹，去草丛里抓蛐蛐，躺着看满天繁星，给孩子讲月亮的传说。和孩子玩独臂的游戏，用一只手穿衣，体验残疾人的不易；和他一起照着说明书拼装乐高，制作沙拉，包粽子，和他骑车远行。体验，能唤醒孩子麻木的神经；体验，能让喜怒哀乐、紧张和松弛、温情与悲悯等各样感受统统进入孩子的心灵。

（3）阅读情感类文章

沈石溪的动物小说，黄蓓佳的倾情系列，曹文轩的唯美系列，龙应台的散文，还有不少国际大奖获奖小说，这些情感饱满的作品，读起来让人荡气回肠，深受感动。每个年龄阶段都有适合的作品，即使是中低年级的孩子，也可以从很多绘本中获得情感的触动，如《猜猜我有多爱你》《逃家小兔》《石头汤》等等。到了五年级，是阅读类型转向的节点，老师和家长的引导非常重要。从写作的角度来讲，相比于中低年级，高段孩子的习作在情感表达、思考体悟方面的要求增加了。如果说中低年级的孩子把文章写通顺、写具体就基本达到了要求，那么高年级的作文就不那么简单了。

这是成都小升初择校考试的几个作文题目："我的际遇""最美的_____""生活因你而精彩"。从题目中我们不难看出，如果孩子缺乏情感的积淀，独立的思考，其作文很难出类拔萃。学生到了五年级，我便会给他们这些引导，并且开始推荐相关书目。考虑到情感类的作品，尤其是散文，情节起伏不大，对孩子的吸引力不够强，我会选择一些篇目片段朗诵给他们听，一边读一边带着孩子品析，让他们真正地领略文字的美妙，情感的动人之处。

我还告诉孩子，书有高下之分，有的书是枕边书、厕边书，有的书则需要凝神静气细细读，那是一次心灵之旅，是一次智力游戏，需要我们深入思考，那样境界将大为不同。

（4）教会孩子回忆

老人喜欢回忆往事，因为他们走过了长长的人生路，蓦然回首，万般感慨涌上心头。许多事情经过时间的沉淀，只剩下美好和留恋。爱回忆的人，一定善感。孩子朝气蓬勃，一心往前冲，很少会回忆过往。他们不知道，有时候稍微驻足回望，带给自己的是怎样的精神享受——因为回忆是美丽的。

女儿就读的小学有两个校区，一到三年级在西区，四到六年级在东区。记得女儿上四年级前夕，我和她又去了一次西区，回忆了在那里度过的三年美好时光。回家后，我们分别写了一篇文章，为这三年作结。

女儿的"回忆录"（写于三年级暑期）：

别了，西区校园

即将告别西区校园，我很是不舍，因为我在这里度过了三年的幸福时光。

别了，西区校园。在这儿，我迈过了许多难关。我不会跳长绳，在妈妈的帮助和自己的努力下，我逐渐掌握了跳长绳进出的方法。还有一次，我语文考试不专心，钻到桌子下玩去了，只考了六十分。于是我决心要雪耻，第二次考试就考了个好成绩。

别了，西区校园。在这儿，我经历了各种不寻常的事。"5·12"大地震后，阳阳、曾琢先后转学。那段时间我很伤心，还好，阳阳不久就回来了。那次，林老师因生病不能来上课，后来就由孙老师来替她教我们，但林老师那温柔的笑容仍留在我心里。

别了，西区校园。在这儿，我感受到了许多的快乐。期末考试得了双百分，我高兴得手舞足蹈。第一次当上了大队委，我兴奋了好长时间。

别了，西区校园。在这儿，我与同学闹过矛盾。一年级报到那天，我坐在洲杰前面。他在后面蹬我的椅子，我就在前面挤他的桌子。那天我们关系闹得很僵。可是后来我们还是成了好朋友。我和很多同学都相处得很融洽。

别了，西区校园。虽然我们分开了，但是我们的心仍在一起。

妈妈的回忆录（节选）

这三年……

有些镜头可以不断回放，有些记忆值得永远珍藏。

三年前的那个炎炎夏日，我搭着六岁的女儿经过西区校园门口，指着里面那幢高高的教学楼问："咱们以后就读这所学校，喜欢吗？""喜欢！"女儿稚声回答。对上学，女儿早已充满了向往。她却不知，妈妈为她选择这个学校，费了多少工夫。

两个月后，我牵着女儿的小手，把她的童年小心翼翼又满怀期待地交付给了这所学校。

开学第一天迎接女儿的，是笑容可掬的班主任来老师，此后的三年，她一直用微笑来温暖和鼓励孩子成长。那天在楼道里还遇见了像妈妈一样的赖校长，这是一个会蹲下来和孩子说话的校长。之后女儿一见到她，就会飞奔过去，因为那头总有一个大大的拥抱等着她呢。

刚入学的女儿真是个小不点，剪着一头齐耳短发，满脸的稚气，好奇地打量着这个新世界。班里还有四十五个和她一样可爱的小不点。真不知道这六年他们之间会演绎多少童年故事，酝酿怎样的甜美友谊。

果然，每天回家，女儿都会给我们汇报各类重大事件："一年级六班最大，我们到六年级就读六年级六班了。""我们班××尿裤子了,我没有笑他。"……

我们也精神十足地做好了当小学生家长的准备。作业签字，包书皮，听写，开家长会，周一早上把干净的校服放在床头，每天无比准时地站在校门口迎接孩子，也开始婆婆妈妈地和新认识的家长聊着孩子的各种趣事、糗事。

新的生活，新鲜的心情。

春去秋来，寒来暑往。日子过得好快，孩子长得好快。

这期间发生了好多事情，喜怒哀乐，把这三年填得满满的，沉甸甸的。

……

童年看似很长，实则很短。幼儿园时代太懵懂，五、六年级又紧邻升学，西区的这三年，是孩子童年最珍贵的三年，像凡·高笔下的麦田，像儿时的油菜花地，灿烂、纯净、清香扑鼻。

四年级，女儿将到东区上学。东区就在我家附近，步行五分钟就到，在家都能听到学校的铃声和广播操的声音。可羽翼渐丰的孩子却渐渐离我远了，她可以独自上学，不用再让我牵着手，给她买盒酸奶，一边看云一边畅聊。我只有准备好可口的饭菜，等着孩子回家的脚步声。

女儿经历了一次"回忆"，写了一篇并不成功的小作文，但有了情感铺底，读妈妈的文章就能有共鸣，对母校西区的不舍就会升腾起一种浓郁的情感，这份情感叫作——爱。

后来孩子初中毕业，我又写了系列回忆文章"这三年"，在我的影响下，女儿慢慢有了回顾的习惯，她十六、十七岁的生日，都是在国外度过，自己写了《十五终记》《跨越十六》，回顾过往。每到年末，我们一家一定会有一次仪式感很强的"年终总结会"，回顾过去一年自己的收获、遗憾、目标达成和想对家人说的一句话，其实这样的驻足回望对于孩子的成长是很有帮助的。

我常常当一个"多愁善感"妈妈，我给孩子讲她小时候的故事，带着她唱外婆教她的那首儿歌，回幼儿园看看，站在门口留个影，讲我的童年，讲家族的温情故事。所有的举动，只有一个目的：用我的情感体验来带动孩子，刺激她的体验，让她远离情感沙漠。

（5）亲子同题写作

培养孩子的丰富情感，拉近两代人的情感距离，我还采用了一招——"亲子同题写作"。

女儿上四年级时发生了一件事。

一天早上，她找我要一张健康体检表。我说没看见这张单子，孩子就急了，说是给了我的。不管我怎么解释，怎么建议，她就是不听，最后把我和她爸爸都惹火了，后来我们在她书包里找到了这张单子。在事实面前，她终于认识到了错误。

我们当然不会放过这么难得的选材。

气消了之后，我建议女儿把这件事写下来，同时，我也悄悄地写了一篇博客。

女儿习作（四年级）：

单子事件

早上，我正准备吃早餐，突然想起昨天晚上那张健康体检调查表给了老妈，她却好像没有还给我，于是就问了问她，没有想到，这一问，让我捅了一个大娄子。

"妈妈，昨天晚上给你填的那张表呢？我今天要交上去。"我漫不经心地问。

"什么表呀？我怎么不知道你给了我一张表？"妈妈一脸困惑。

"哎呀，就是那张A4纸的，名叫'健康体检调查表'的啦！"我以为妈妈只是一时糊涂，忘记罢了。

"我没有见到啊，真的，你自己找找吧！"妈妈有些激动了。

"啊？这可是我今天要上交的呀！不交，不仅要写一篇四百字的说明书

（注：检讨），还要请家长的呀！你可别对我说你把它当草稿纸扔了呀！"

妈妈本来就有些激动，一听我的话，生气又委屈地大声叫道："别冤枉人！我真没有看到，不信你去我的书桌找找，这个表肯定在你的书包里！"

我一听急了，哭了起来："呜——呜——，不可能，我昨晚给了你的……"

这时，被我和妈妈的争吵声吵醒的爸爸也出马了："给了谁啊？我昨晚就没有看到什么所谓的调查表，你不找我去找！如果我在你书包里找到了就打你的手掌！"

我什么也听不进去，任凭爸妈怎么劝，我也不动，只顾哭闹，咬定是妈妈弄丢的。

这时，妈妈一怒之下冲进我的卧室，从书包里翻出了我的体检调查表。"这不是吗？你还要怎么冤枉人？"妈妈的嗓音提高了八度。

我愣住了。

"看看，看看！把这张单子放在哪儿都不知道，还说你妈妈拿了！"爸爸也冲我怒吼。

"可我昨天拿给了妈妈的，怎么会跑到我的书包里去了？"我真恨自己这张嘴，怎么到这时候了，还要狡辩呀！

老爸气急了，"嗖"的一声从木笔筒中抽出一把尺子，毫不留情地掰开我的手，"啪"地一下打了我的手心。

我一下子从刚才丧失理智、耳朵"紧闭"的状态中惊醒了，猛地认识到了我的错误，后悔、懊恼、伤心、自责一起涌上了心头。为什么我老爱顶嘴？为什么我听不进劝？

"啪——"又是一下，我忍住那钻心的痛，却忍不住眼泪。都是我的错，我不能让这种事在我的生活中上演第二次了。

这是我写的博客——

这天早上的单子事件

早上,我正在给涵儿做早餐。昨晚看书看到十二点多,今天故意把闹钟调到七点半,时间有点紧,不过来得及。蛋已经煎好,就差切好面包了。

这时涵儿过来问:"妈妈,我昨天给你填的健康体检调查表呢?"什么健康表?我一片茫然。"我昨晚给你的那张,不交今天就要挨罚!"涵儿急了。我快速回忆,昨天……健康表……怎么完全没有印象呢?我对涵儿说:"什么样子的?你回忆一下,到底有没有给我!""给了你的,一张A4纸的单子,我睡觉前记得给了你的!"见她说得信誓旦旦,我赶紧去翻我的书桌,(遇到事情,我通常先认定是自己的问题)确实没有啊!我让涵儿去找自己的书包,没准儿是她记迷糊了,可她索性坐在沙发上哭了起来,完全不听劝。我急了,对她说:"你哭也没有用,该哭的是我!被人冤枉的滋味太难受了,而且我还是在给你做着早餐的情况下被你冤枉。你赶紧去找,如果真的是冤枉了我,就要挨打的!"她不听,依然哭,情绪很大。

在房间里睡觉的爸爸火了,大吼道:"哭什么哭!你什么时候给你妈了,自己找去!"涵儿没有行动,还是哭。他爸爸起来,威胁她:"我来给你找,如果在你那里找到,我要拿着尺子打你三十下!"

爸爸怒气冲冲地在涵儿房间书桌上找,我估计应该是在她的书包里。折腾了一会儿,我看时间不早了,就去把涵儿的书包拿出来,结果怎么着,我一翻开她的语文书，表就夹在里面呢！这下没有话说了，我决定和她爸爸保持一致，必须惩罚这个不听劝的孩子。爸爸拿来了塑料尺，说要打五下（怎么直接就降了二十五下？这个爸爸，从来都雷声大，雨点小）。他把女儿的手（注意，是左手）抓起来，对准掌心，"啪"的一声下去，爸爸是新仇旧恨一起来，昨天的奥数事件心头还没有爽，今天又来个不听劝。动静挺大，但我估计是表皮很痛，不会伤到什么地方。

打了五下，涵儿又哭了，我不知道她是委屈还是后悔。这样怎么吃饭？既然出现了这个事情，那就抓住机会教育到底。我平静了心绪，把她带回卧室，让她坐下，问："今天是谁错了？""我。""你为什么哭？是委屈还是后悔？""……""错在哪里？""我冤枉了你。""这不是根本的问题。"爸爸估计气也消了些，走进来对她说："你这样不听劝，会影响到你以后的发展，你知道吗？"

见涵儿不怎么哭了，我对她说："冤枉人不是最大的错，着急发脾气也可以理解的。根本在于，你处理问题的方式。着急解决不了任何问题，不听别人的建议更是愚蠢的。单子不见了，你可以问问妈妈，如果妈妈不清楚，就赶紧自己找找，而不是号啕大哭。刚才我们是劝了你的。还有，以后问奥数题也是这样，心不打开，耳朵就打不开。你不想听，我们就拒绝帮助你！"

见时间已经八点了，我说，你去把眼泪擦了，赶紧把鸡蛋和牛奶吃了，面包带到学校吃，赶赶路，还不至于迟到。

结果，她下了楼，又上来了，问："妈妈，你刚才又把那张单子放在哪里了呢？"

我彻底无语。

母女同题写作是一件有趣又有意义的事情。因为我们都成了对方作品中的主角，我们很想知道大家共同经历的这件事情在对方的笔下会怎样表现出来。我和女儿在读了彼此的文章后，两相比较，发现同一件事情，可以有不同的表达角度，不同的侧重点，也可以有不同的写法。女儿写的更严谨，就是一篇作文，主要表达的是一种自责和懊悔。妈妈写的博客显得随意一些，里面有一些拉拉杂杂的表达，但贯穿其中的是对孩子的教诲和爱意。互读文章后，母女俩能够站在对方的视角去感受，增进了沟通和了解。

　　有一定写作基础的家长不妨试试同题写作。自从单子事件后，我常常和女儿进行这样的练习。我们去新加坡旅游回来后，我和女儿各自写了几篇游记。通过阅读，我发现大人和孩子眼中的世界是不一样的，我们的关注点也不一样，但正因如此，我们的视角可以互补，家长好的文笔也在潜移默化地影响着孩子，更重要的是，我们通过文字更加了解对方，双方心灵互通，两代人的感情更加亲密了。

附录

 给女儿的十岁生日信

涵儿：

今天，我听到了"当"的一声响，那是时间老人在为你的十年喝彩，并提醒你下一个十年正毫不停歇地向你走来。和每个孩子一样，从你降临到这个世界的那一刻起，时间老人就在你身上安上了发条，嘀嗒嘀嗒。于是，魔法实现，你破土而出，一天天长大，如一棵茁壮的小树，开始伸展枝叶；如一粒饱满的花骨朵，已做好绽放的姿态。

十年，三千六百五十天，八万七千六百个小时，五百二十五万六千分钟，三亿多秒啊，就这样在不知不觉中嘀嗒嘀嗒过去了。

人们常感叹时光飞逝、光阴似箭，你有这样的感觉吗？应该有的，你也曾说过不愿长大，说时间过得太快。其实，不要埋怨时间，不要拒绝长大。时间是一个太美好的东西，让一切梦想慢慢变为现实。比如你，我亲爱的宝贝，在我的期盼中，你这棵挺拔的小树，已长出了漂亮的树形。在你的年轮里，刻着每一个成长的记忆：长牙、行走、上幼儿园、入队、第一次发表文章、新年前夜的烛光……随着时光的推移，我所期待的情景真的如莲花般朵朵绽开：你爱上了阅读，学习优秀，冰雪聪明，纯朴善良；你心无尘垢，乐观开朗，积极向上……我真的只有双手合十，心怀感恩。如果没有时间的积累，我们不会等来属于我们的幸福。当然，每个人都不愿时间流逝得这么快。此刻，我耳边流淌着一首美丽又带着淡淡忧愁的音乐《离别》，我突然心头一阵疼，女儿也有和我分别的那一天。或许是在八年后你出国留学的前夕，或许是你五年后住校的那天。哦，宝贝，你总归要长大，小鹰总要离开妈妈的怀抱飞向蓝天。只要珍惜了生命中的每一分每一秒，只要不虚度，就不会遗憾。

十年前的我，好怕过生日，觉得就这样一事无成一天天变老，好紧张，好无奈。可是现在，我反倒能从容面对自己的年龄，因为这十年，我抓住了这个叫光阴的东西，活得饱满充实，读研、创业、做研究、写文章、周游世界，还培养了优秀的十岁的你。很多人惊讶，我怎么会有那么多时间，连严肃的外公都说，我简直活出了好些人几辈子的精彩。其实，我每天也只有二十四小时，我也要睡觉、休息，之所以能做出一些成绩，这其中最大的秘诀就是专心致志、心无旁骛，而且会取舍，不在无价值的事情上耗费时间。什么对我来说有价值呢？工作、学习、赏花、看云，还有，和你在一起。

这封信，时间是唯一的关键词，是的，涵儿，在你迎来十岁生日之际，我想告诉你时间的可贵，珍惜时间就是珍惜生命，这是妈妈对你一生的期许。听，嘀嗒嘀嗒，生命的时钟永不停歇，有的人听得见，有的人却置若罔闻。我多么想你属于前者，踏着时间的节奏，甚至跑在她的前头。这样，你会有创作的时间、画画的时间、和妈妈散步的时间、眺望星空的时间；这样，你做事会从容优雅，心情会灿烂明媚。

从今天起，你的年龄数字变成了两位数，这是件很了不起的事。从今天起，你的智慧和眼界也会升级扩容，这个大大的世界需要你去好好探索、体味。

"当——"十岁的钟声已经敲响，三千六百五十天已经过去，第三千六百五十一天已经来临，准备好了吗？我的宝贝，精彩的未来等着你！

生日快乐！永远爱你！

妈妈

12月3日

女儿给我们写了一封感恩信

亲爱的家人、我的朋友：

今天，是我十岁的生日，是我的第一个两位数的生日。妈妈说，数字翻倍，智慧和眼界也要扩容升级。在这十年里，我的变化很大。从一个50厘米长的小婴儿长到1.43米高的小女孩，我要感谢很多人：个子，全靠二姨婆给我熬的骨头汤提供营养；快乐，源自爷爷奶奶无微不至的关怀；习惯，多亏外公外婆的教育培养；知识，是爸爸妈妈细细密密的浸润。

这十年，我从一个懵懂无知的婴儿长成一个开朗活泼的女孩。这十年，我经历了人生的第一场雪、第一个双百分，第一次上台演讲，也经历了人生的第一次挫败。在我成长的过程中，家人给了我最多的陪伴，最饱满的爱！

爸爸，从我上幼儿园起，不管是课外补习班还是学校上课，您都不辞辛苦地接我、送我。虽然您偶尔抱怨一句："真麻烦，下次你自己走！"我一听，都已做好准备，结果，您还是来了。

妈妈，前段时间，您的手被压伤了，并感染了真菌。医生说您不能梳头，怕加重感染。可您为了我的整洁美丽，坚持戴着手套给我梳头。橡胶手套的摩擦力很强，我怕疼，您又索性摘下手套。看着您翘得老高的手指，我的心暖暖的，也酸酸的。

我要感谢的人太多太多，除了家人，还有我的朋友，是你们的优秀，让我有了追赶的方向；是你们的鼓励，让我更加自信。

今天，我站在成长的阶梯前，懂得了感恩。我知道，没有你们，就没有我幸福的每一天。在生日之际，我要说声谢谢，祝愿大家，身体健康，快快乐乐！

涵儿

12月3日

苹果老师的叮咛

- 功夫在诗外。写作文不能只是炼词造句,孩子卓越的思考力,独到的见解,丰沛的情感,才是写好作文的关键。思考力和情感表达都需要长期的培养。

- 无论是与孩子聊天或辩论、亲子活动,还是专项的思维能力训练,家长的引导和适时的浸润都是相当重要的。

- 会思考的父母一定会培养出勤思善学的孩子,情感丰富的父母一定会撩动孩子心灵深处的敏感神经,让孩子告别情感沙漠。

柒 绕不开的话题：阅读力
——打开读写之门

家长最想知道

- 孩子在不同的年龄段该读什么书？选书有什么窍门？
- 怎样培养孩子的阅读兴趣？
- 孩子读了不少书，怎么写作文还是没长进？是不是阅读方法有问题？

1. 怎样营造家庭阅读氛围？

首位获得国际安徒生奖的中国作家、北大教授曹文轩说：最大的写作技巧是读书！

谈写作，阅读是绕不开的话题。我们知道"读书破万卷，下笔如有神""熟读唐诗三百首，不会作诗也会吟"这样的名言警句。教育家叶圣陶先生说过："阅读是吸收，写作是倾吐，倾吐能否合乎法度，显然与吸收有密切联系。"

换句通俗点的话说，阅读是输入，写作是输出。没有大量的阅读储备，哪来良好的语感和卓越的文字表达力，又怎能达到出神入化的文字境界？会读书的人不一定都会写作，但很少有会写作的人不热爱阅读的。

这一章，我们要谈谈关于阅读的话题。

我经常受邀到学校给家长们做培养儿童阅读兴趣和能力的讲座。在接触中,我发现越来越多的家长很重视孩子的阅读,但同时也常常感到迷茫和困惑，甚至采取了一些不恰当的做法。为了进一步探索家庭培养与孩子阅读能力的关系，我对一千个家庭做了一次阅读问卷调查，调查涉及父母和孩子各自的阅读状况、亲子阅读情况，以及指导阅读的方法等几十个问题。从收上来的有效问卷中，我得出了一个结论：家长的阅读习惯、阅读时间、阅读品位以及自身在亲子阅读方面花费的精力与孩子的阅读面、阅读兴趣和阅读成效是成正比的。

这并不是一个新鲜的结论，谁都知道父母在子女成长中言传身教的作用。但并不是所有的父母都愿意身先士卒，起表率作用。很多家长大声吆喝着孩子去看书，自己却上网聊天、看肥皂剧、打麻将。这样的家庭氛围，怎么能培养出一个爱看书的孩子呢？

这里，我们要先着重谈谈家庭阅读氛围的营造。

我母亲文化程度不高，却深知读书的重要。我记得小时候，每天吃过饭，父母就安静地坐在客厅里读书看报。久而久之，我和妹妹也受到感染，学着阅读些书籍了。有一次，我发现母亲竟然把报纸拿反了，还装模作样地看着。还有一次，母亲居然看着看着睡着了，头埋进了杂志里。

长大后，才知道母亲的用心良苦。母亲识字不多，阅读对她来讲是一件痛苦的事情，但她一直装出读书的样子来带动我们阅读。这就是家庭阅读氛围的营造吧。有人说，要想让孩子阅读，最简单易行的方法就是家长阅读，我深以为然。父母阅读的姿态是书香家庭最重要的软件。

其实，要营造书香家庭有许多容易操作的做法，在前面我提到的调查表里，家长就提供了不少经验，如每天抽出固定时间进行亲子共读和阅读交流，带孩子逛书店、去图书馆借书，等等。

书香家庭没有一个统一的标准，但这几个问题可以让父母检测一下自己的家里是否有阅读氛围：孩子是否会经常看到你捧读一本书的姿态？家里是否会就一本有意味的书进行讨论？孩子有自己的书架或书柜吗？他的阅读环境安静而舒适吗？作为家长，你是否有颗谦虚的心去请教专业人士给你做一些及时的推荐？如果做到了以上几点，恭喜你，你的家基本算是书香家庭了。

阅读是一辈子的事情，阅读更是一种非常实际的能力，它是所有学习的基础，因为有阅读能力的人才有自己学习的能力。书读得越多，知识增长越快，阅读能力更会得以提升，进而又会读更多的书，这是个良性循环。在资讯海量增长的今天，谁可以很快掌握新信息，并转化成知识，谁就拥有了成功的契机。

阅读给我们带来的好处太多了，它不仅能帮助我们提升思考力，加强理解力，促进表达力，还能提升情商指数。为什么阅读能提高情商呢？当我们看书时，我们就会站在他人的立场，可能是王子或公主，也可能是乞丐或逃犯，间接体会作者或是主角的经验。而这种间接的经验能够提升孩子的感性及想象能力，进而拥有更多的耐心与勇气。所以阅读是提升情商指数的非常有效的方法。

因此，有责任心的父母，应该着力营造浓郁的家庭阅读氛围，让孩子的阅读兴趣和能力在这样的氛围中滋长，而阅读的兴趣和能力，是父母送给孩子受用一生的礼物。

2. 怎样培养孩子的阅读兴趣？

美国著名作家，《了不起的盖茨比》的作者菲茨杰拉德曾经给女儿提出过六条关于写作的建议，第一条就是读一流作品，他告诉女儿，如果一个人每年不吸收很多一流作家的精髓，就无法凭空形成未来写作的一流风格。读一流的作品，文章就能发表在《纽约客》这样一流的杂志，否则，只能写出平庸的作品。

的确，阅读的品位对一个人的各方面成长都能产生极深的影响。

每个父母都希望孩子有很强的阅读能力和水准，而阅读的能力和水准与阅读的视野、习惯有着密切关系。阅读的视野和习惯最好从童年开始培养，有了经典的滋养，孩子成年之后就会具备不一般的能力和水准、趣味和智慧。因为，这样的阅读会影响我们生命的气度和姿态。

所以，我们引导孩子阅读的一定是经典童书。

只有引领我们的孩子去阅读经典，才能够培养他们高雅的阅读品位。品位是可以培育的，就像我们的口味一样。为什么北方人喜欢吃面食，四川人好吃辣椒？不是他们天生就具备这样的口味，而是被父辈影响，从小就给孩子吃这个，久而久之自然养成了这样的口味习惯。

从女儿还没有识字起，我们就用好书来引导她，她的书架、床头、写字台，目之所及、举手能触的全是我们认为的优质童书，无论是装帧、插图还是内容，都是一流水准。孩子长时间接触的都是高品质的书籍，阅读的眼光和水准自然而然地就培养起来了。所以，我从不担心女儿会去阅读那些低俗劣质的书籍。因为十余年的阅读经历，已经养育了她较好的辨别能力和阅读品位。

但是很多家长并不清楚什么是经典，什么是值得推荐给孩子读的好书。两年前，一个朋友找到我，说她读四年级的儿子文文不喜欢看书，让我给支招。经过询问，我了解到，文文上幼儿园的时候其实挺爱听故事、看图画书的。上小学一年级的时候，老师推荐了两本书：《小王子》《爱的教育》。这两本书确实是经典，但对于这个年龄阶段的孩子来说，太深奥了。《小王子》被誉为"成人的童话圣经"，它更像一本哲理书，其简单的情节和晦涩的隐喻，即便是成年人也未必能完全读懂，怎么能推荐给小孩子看呢？我真怀疑他的老师根本就没有读过这本书。这种不负责任的推荐带来的直接后果是，文文看得头疼，很不喜欢，家长不明就里，指责孩子不听老师的话好好读书。更可怕的是，心急如焚的家长为了培养文文的阅读兴趣，自作主张地给孩子买了许多名著，诸如《繁星·春水》《巴黎圣母院》等，文文的阅读理解能力还无法达到读这些名著的高度，自然更加排斥阅读了，于是他的兴趣开始转向电视和游戏。听了文文的经历后，我非常心疼。这是一个典型的例子，我们有太多的孩子就是因为缺乏正确的引导，阅读兴趣就在不符合孩子认知能力的"指定阅读"中渐渐丧失。

还有些家长，凭自己的主观臆断强行干涉孩子的阅读选择，我听到不少小朋友抱怨：爸妈不让自己看《淘气包马小跳》，说没有营养；不让看《哈利·波特》，说神神鬼鬼毫无价值；不让看《魔戒》，说是玄幻小说。我很想问问这些家长是否真的看过这些作品，为什么就断定这些书籍对孩子没有帮助。《淘气包马小跳》对于二、三年级的孩子来讲，是不错的入门阅读书籍，有趣的情节会让孩子在笑声中获得阅读快感，培养阅读兴趣。《哈利·波特》自不必说，J.K.罗琳的心血之作，其丰富的想象力会洞开孩子们的想象世界。而托尔金的《魔戒》更是世界经典的幻想小说，里面涉及很多幻想元素、北欧神话传承，能让孩子接触这样的经典，是多么美好的事情。

在孩子阅读起步的关键期，父母的眼光具有决定性作用。孩子是否有机会阅读到一本真正的好书，是否在合适的时机阅读合适的书籍，都取决于家长。有的家长推荐给孩子看的书带有自己儿时的印记，比如小时候读过的《钢铁是怎样炼成的》《格列佛游记》，觉得不错，会给孩子购买。在他们推荐的这些书里，有的确实是影响了一代又一代孩子的好书，如《安徒生童话》《爱的教育》，这些堪称不朽的著作，都是一生中必读的书籍。但有的书带有过强的时代烙印，不太适合现在的孩子阅读了。家长应该考虑这个因素。还有的家长在引导孩子读书方面显得盲目或主观，一味地让孩子阅读他所认为的好书，比如成人名著、名人传记甚至各种教辅资料，而孩子最感兴趣的书，正如前面所提，却被家长蛮横地阻止。

我们说培养孩子的阅读兴趣，首先要从他喜欢的书开始入手，即便这本书并不是最经典最优秀的书。传说有一个古老的部落流传着这样的习俗，在孩子周岁的时候要送给他一本书，书的封面涂满蜂蜜，孩子会舔，会摸，这样就让孩子觉得书是甜蜜的东西。如果我们的推荐符合孩子的接受力和兴趣指向，无疑是在书上抹了层蜜，他们的阅读兴趣自然而然就会被激发起来。

我根据文文的实际水平给他制定了一个书单，从有趣的绘本开始，逐步过渡到既有图画又有一段段文字的桥梁书，再到《埃米尔擒贼记》《长袜子皮皮》等有趣的文字书。所有的阅读，只围绕一个目标——喜欢。渐渐地，文文从最初的排斥，到慢慢接纳并沉浸其中，逐步从阅读中获取了快乐和自信。我的书单也随着他的成长在变化。现在，文文已经读初中了，一有时间就捧着一本书看，成了不折不扣的小书迷。

3. 怎样给孩子选书？

隔行如隔山，家长毕竟不可能像专业的研究者那样对琳琅满目的童书了如指掌，我们就要学会借力，借专家的力、借权威的评选机构的力。国内外有不少值得信赖的图书奖项，获得这些奖项的童书都是值得让孩子细细品读的好书。需要提醒注意的是，有些奖主要针对绘本，比如美国"凯迪克大奖"和英国"凯特格林威奖"。有些奖主要针对儿童文学的文字书，比如美国"纽伯瑞儿童文学奖""卡内基儿童文学奖""国际安徒生奖"。

  以"国际安徒生奖"为例，这是全球儿童文学界的最高荣誉，素有"小诺贝尔奖"之称，每两年颁奖给其作品对儿童有显著贡献的作家和画家。这个评选非常严格，甚至会出现候选人空缺的情况。奥地利的作家克里斯蒂那的小说《狗来了》，英国的依列娜·法吉恩的《万花筒》都获得了"国际安徒生奖"。2002年，英国的艾登·钱伯斯也获得此奖。特别要提到的是他的《打造儿童阅读环境》，这是一本专门指导教师和家长帮助儿童亲近图书，鼓励儿童自主愉快阅读的书籍。2016年，北大教授、《草房子》的作者曹文轩成为中国第一位获得"国际安徒生奖"的作家，还有五位中国作家获得"国际安徒生奖"提名，他们分别是：秦文君、张之路、金波、孙幼军、刘先平，这几位作家的作品都值得向中高年级的孩子推荐。要寻找国际安徒生奖获奖作品可以在网上查，就输入关键字："国际安徒生奖"，也可以到书店购买，国内出版的获奖作品引进版会在书的封面上印上"××大奖获奖作品"的标识。

  20世纪八九十年代，中国儿童文学评奖出现了很多种类，比较权威的有：中国作家协会"全国优秀儿童文学奖""冰心儿童图书奖""陈伯吹儿童文学奖"等。以下这些曾经获得过各类奖项的中国作家的作品值得给孩子们推荐：秦文君、曹文轩、常新港、梅子涵、张洁、陈丹燕、黄蓓佳、汤素兰、王一梅。很多网站都有不少有益的图书资讯。

  现在，儿童文学推广人越来越多，许多儿童文学教授、学者、作家、出版人都加入了这个队伍。他们通过讲故事，走进课堂给孩子介绍绘本，把一本本有趣而耐人寻味的书带到孩子们面前，让孩子们兴致勃勃地阅读。他们就像一个个点灯人。有了这群人的努力,我们对童书的选择就有了更多的指导。很多一线的中小学老师参与了相关的专业培训,也成为其中的一分子,他们的学生和家长是最大的受益者。

有许多专业的少儿出版社引进了不少国外的获奖作品,也不断挖掘本土的优秀作品,为我们提供了更多的选书路径,值得信赖。如果是国外的作品,值得注意的是需要选择翻译者。《安徒生童话》在中国有无数的版本,但最好的翻译版本是我国著名翻译家叶君健先生翻译的。他被丹麦学者评为世界上安徒生童话两位最好的翻译者之一。任溶溶先生翻译的版本也非常适合儿童阅读。

选书可以由点及面,这是做学问的基本方法。一本书的封面、封底和勒口总会给我们一些重要的讯息。父母可以帮助孩子从小养成这种顺藤摸瓜的寻找意识。比如英国作家罗尔德·达尔写了一系列的幻想作品,孩子看了其中一本《查理和巧克力工厂》,觉得喜欢,就可以根据封底提供的书目阅读同一系列的其他书。这种阅读还有一个好处,孩子通过阅读,基本弄清了作者的写作模式和风格,在后面的阅读中有一种熟悉感,这种熟悉感会给孩子带来莫大的兴趣。这也是为什么很小的孩子喜欢一遍又一遍重复听一个故事的原因。

不同学段的孩子在阅读书籍的选择上也不相同。同样的国际大奖获奖作品,也要考量其适合的读者群。比如《一百条裙子》,故事简单,贴近孩子的生活,非常适合中低年级的儿童阅读,而《在我坟上起舞》因为涉及少年同性恋的问题,只有初中以上的孩子才能读懂。所以,父母在了解故事内容之前,不要盲目相信获奖小说或知名作家,以为什么都可以拿来给孩子阅读。

大致说来,小学一、二年级是阅读幻想童话时期。六至八岁是人一生中想象力最为丰富的时候,七岁达到最高峰,这个年龄的孩子对神话、童话故事有无穷无尽的兴趣和好奇心，他们的感受力远远超过我们的想象。发展心理学有一个关键期理论，说人类的成长应该在适当的时机，接受适当的刺激。所以在这个阶段让孩子阅读简单的童话是很适宜的。三、四年级是阅读历史故事时期。到了九岁后，只有幻想无法满足孩子的需求了，他们会经常问老师或父母："这是真的吗？"对这个时期的孩子来说，他们更喜欢阅读英雄故事、人物传记，以及有关友情的书籍。特别要关注的是，三、四年级的学生学习压力不算大，识字量较低段增加了很多，所以阅读量惊人。难怪有句老话："孩子会不会喜欢阅读，三、四年级就可以决定。"家长要特别重视这个学段，多提供适宜的好书给他们看。五、六年级是阅读知识与伦理类作品的时期。高段的孩子会开始想要知道环绕着自己的这个世界的一切，对科学、社会和艺术产生了兴趣，有的爱上了报纸杂志，有的开始欣赏抒情文学，而以友情为题材的长篇小说、科幻小说和侦探推理小说则是大多数五、六年级孩子的阅读取向。

给孩子推荐书籍，还应考虑他的性别、性情、爱好和阅读能力，还有他的家庭背景甚至一些特殊的经历。以我给女儿推荐动物小说为例，在她二年级的时候，我给她推荐的是桥梁书《西顿动物故事》，里面有精美的插图，便于孩子阅读，还有安房直子的一些动物童话。到了三、四年级，动物大王沈石溪的作品成为她阅读的主体，里面生动的故事情节让她深深着迷，对于培养阅读兴趣、初步感受动物性格刻画和动作描写有很大帮助。五年级，她可以看黑鹤的一些动物小说了。

有些男孩的家长说，孩子只喜欢看历史、战争类的书籍，比较挑食，怎样让他们看一些文学类的书籍，我觉得动物小说就是比较好的媒介，既有孩子感兴趣的情节，又有一定的文学色彩。

总之，我提倡给孩子推荐不同国家、不同文化、不同类型的书籍，让孩子的心灵能得到多方面的涵养。书找对了，孩子的兴趣自然就激发起来了。

4. 怎样让孩子有效地阅读？

家长总希望孩子读了一本书后能立竿见影，马上对写作有帮助，甚至把阅读和考试的阅读题混为一谈。千万不要这么功利。阅读本身是非功利的。如果每一次送给孩子书都要让他写读后感，写长长的摘录，是很伤孩子的阅读积极性的。就像我们小时候去春游，本来很好玩的事却要强加一个条件——写一篇作文，这不是让人兴致打折了吗？不要用这样的功利破坏了孩子阅读的兴致。

阅读的过程是养育心灵的过程，就像我们补充维生素一样，需要时间慢慢吸收，阅读和写作的关系也是在不经意间渐渐发生的。经常阅读的孩子，他的写作能力往往强过那些不爱阅读的孩子。所谓"读千赋者善赋，观千剑者晓剑"。大量阅读，自然就能养成良好的语感，习得写作的妙法。

有家长问，孩子看书总是走马观花，只看情节，看了以后收获不大。怎样让一本书发挥到最大功效？其实，孩子对情节的痴迷是正常的，试想我们大人看电视、听故事，最吸引我们的不也正是环环相扣的情节吗？但只重视情节，而忽视了其中的人物刻画、结构安排、景物描写、深刻哲理等，我们的收获就大打折扣了。怎么解决这个问题呢？这里涉及泛读和精读的问题。对情节的渴望促使孩子想很快浏览书籍，这其实是泛读的过程。在这个过程中孩子对该书的内容、人物特点有了粗略的印象。接下来我们可以引导孩子对有价值的部分进行精读。当然，刚开始孩子可能会没有这份耐心，也不明白其中的作用，我们可以通过亲子共读加讨论的方式带着他去做，如：你喜欢哪个人物，为什么？你同意书中那个校长的做法吗？如果是你，你会怎么去做？对于大一点的孩子，还可以问他是否读过类似的作品，也可以让他做读书笔记，把真实的感受写下来，可长可短，不要拘于学校教的读后感那种形式，他甚至可以通过给书中的人物画像，来表现对这个人物形象的理解。在孩子自愿的情况下，可以建议其对阅读的精彩段落进行勾画、摘抄和点评，这可以放在精读的这一遍，这种摘抄和点评的方式对提高他们的文学鉴赏力、增强语感大有好处。

我曾经让五年级的学生摘录过张晓风《花之笔记》中的一段文字：

花的颜色和线条总还比较"实"，花的香味却是一种介乎"虚""实"之间的存在。

有种花，像夜来香，香得又野又蛮，的确是"花香欲破禅"的那种香法。含笑和白兰的香是荤的，茉莉是素的，素得可以及茶的。水仙更美，一株水仙的倒影简直是一块明矾，可以把一池水都弄得干净澄澈。

——张晓风《花之笔记》

这段话，妙就妙在对香味的描写，夜来香的浓郁，在张晓风笔下成了具象的"又野又蛮"。菜品专属的"荤"和"素"在作者笔下可以拿来形容香味的浓淡，比喻新鲜而又贴切。让孩子摘录、点评，可以加深对文字的理解和鉴赏，学到作者独特的表达方式。长此以往，孩子的写作会受到潜移默化的影响。

音乐时急时缓，如深秋雨打蕉叶，似初春浅溪潺潺，典雅、精致、温和、玲珑、剔透，连空气也似乎被染成了堇色——那是蒹葭淡雅而素净的颜色啊。"春江潮水连海平"，借着这江水，我依稀看见了月光，那来自湮远岁月，如水银泻地的月光。这轻轻的一瞥，便仿佛捉住了整个盛唐。

——雷蕊伊 《听〈春江花月夜〉有感》

至于家长对于阅读效果的顾虑，我能够理解。爱读书和会读书是两码事，阅读是讲究方法的。同一本书给不同的人看，效果是不一样的。有的人看了十本书，却不如别人看一本书有用。有的人仅仅把阅读当作一种娱乐消遣方式，和打麻将没有什么两样。为什么会有这样的差别呢？那是因为每个人的阅读能力有高下之分。有的人读了一辈子的书，却并不真正懂得阅读的方法，这是很可惜的。

对小学生来说，不仅要爱阅读，还要会阅读，更要有效阅读。从爱读到会读，需要长时间的积累和训练。有效阅读是一门值得深入探讨的学问。其中最重要的一点，就是带着思考去阅读。几年前，有一家少儿杂志社邀请我开设了一个教小学生阅读方法的专栏，我和我的同事们采用对话体的形式，写了十篇文章，从打造适宜的阅读环境、读书的快与慢、诵读方法、阅读与思维训练、阅读与写作素材的挖掘等不同的角度探讨了一些提升阅读力的方法，旨在帮助小学生通过阅读，获得多维度的收获。我把这十篇系列文章做了汇总，命名为《提升阅读力的十大妙招》，附在本章后面，以期能对培养孩子的阅读能力有所助益。

5. 怎样进行亲子阅读？

关于亲子阅读，百度百科是这样阐述的：亲子阅读，又称"亲子共读"，就是以书为媒，以阅读为纽带，让孩子和家长共同分享多种形式的阅读过程，在学生课外阅读当中起到重要的作用。通过共读，父母与孩子共同学习，一同成长；通过共读，为父母创造与孩子沟通的机会，分享读书的感动和乐趣；通过共读，可以带给孩子欢喜、智慧、希望、勇气、热情和信心。

近年来，亲子阅读成了时髦的词汇。但很多父母并不清楚亲子阅读的操作细节，有什么需要注意的要素，甚至连什么是亲子阅读也弄不清楚。这里不讲理论，我先分享一下自己的亲子阅读故事。

我们家是从 2004 年开始亲子阅读实践的，那时候我女儿三岁。当时，我正在攻读比较文学与世界文学专业的硕士学位，我的论文方向是有关中西方儿童文学比较研究的。读研期间，我接触到了不少理论书籍，其中艾登·钱伯斯的《打造儿童阅读环境》对我影响很深。我开始寻找、阅读、购买优质童书，并着手布置家里的阅读环境。对于阅读时间的长短，钱伯斯先生的建议是七岁左右的孩子一次大约 15 分钟，一天可以安排两次，九岁左右的孩子一次大约为 30 分钟，十三岁左右的孩子为 45 分钟。我们把亲子阅读时间定在了晚上孩子入睡前的半个小时左右。从那时起，我和丈夫轮番给孩子读书讲故事。每个晚上的亲子共读时间成了一天中最温馨的时刻。父母讲述时的绘声绘色，孩子听书时的陶醉和投入，还有彼此不时的发问和自由讨论，有很多美好的情景已酿成值得珍藏的回忆。我在博客中记录了其中的一幕——

一片叶子落下来

尽管上床已经 21：50 了，我还是坚持给七岁的涵儿读了《一片叶子落下来》。我等了一天，就盼着晚上给孩子讲这个故事。

伴着流淌的音乐，我极富感情地朗诵了这本书。书中讲述了一片叶子的生命历程，在丹尼尔和弗雷迪的对话中，投射出了作者对生命和死亡的价值理解。

"万物都会死。不管是大是小，是强是弱。我们经历日晒月照、风吹雨打。我们学会跳舞、欢笑。最后我们死去。"

"生命，它将永存，我们大家全都是生命的一部分。"

"我们可能回不去，可是生命一定会回去。"

富含哲理的话让孩子似懂非懂，故事到了尾声——

"弗雷迪落到了一堆雪上。他闭上了眼睛，一下子睡着了。他再也不知道，春天将要到来，雪将要化成水。……他更不可能知道，春天来时，新的叶子将要长出来……"

读完后，我看到涵儿在沉默，她已经被深深地打动。我欣慰，去年此时，她鲜有这样的情感升腾，即使在她生日时我泪光闪烁地给她念信的时候。

是好书，是大量的阅读滋养了她的情感。

我问："你想到了什么？"

她摇摇头："只是有点感动。"

我知道，对于这么小的孩子，还不懂得由物及人地去联想。于是，我给了她一些引导，告诉她人生就如同叶子一样要经历春夏秋冬，终究会告别生命的大树，但只要经历了，幸福了，就不虚此行。

"比如妈妈，"我说，"妈妈终究有一天也会落下去，但我想，到那一天我不会难过，因为我经历了幸福的一生。我做了一番事业，感受到了成功的幸福；我当了涵儿的母亲，感受到了和宝宝在一起的幸福；我还感受到了学习的幸福，帮助他人的幸福；下雨天，我看房檐滴雨；晴朗的午后，我品味一杯香浓奶茶，一切都是这么幸福……"

涵儿兴奋起来："我也有许多幸福，当上了大队委我好幸福，一边看电视一边啃鸭脖也很幸福。"

"还有什么幸福的时候？"

"嗯，妈妈给我讲故事的时候，我好幸福。"她抬眼望望我，眼睛红红的，"还有，躲在被窝里睡觉的时候也很幸福。"说着，她打了个呵欠。

"那就睡吧，感受这份幸福吧！"我披披她的被角，孩子转身睡去。

我关掉音乐，熄了灯，走出房间。这才发现，眼角早已湿润。

好的故事，既感动孩子，也感动成人……

这只是千万个夜晚的一个缩影，每个夜晚都这么温情四溢，孩子的童年也就暖意融融，她的心也就越发柔软宽厚。

每晚给孩子讲书，我们坚持到孩子上四年级。从绘本《爱心树》《獾的礼物》《火龙爸爸戒烟记》到文字书《笨狼的故事》《小布头奇遇记》《詹姆斯与大仙桃》，从纯文学书籍到科学读物，我们给孩子"喂"得很杂，即便孩子快上六年级了，我还时不时地给她读一些情感丰富的散文，龙应台的《目送》，我基本上利用午休时间给女儿读完了。

多年的亲子阅读已经卓见成效，女儿的阅读兴趣很浓，涉猎面很广，她的阅读视野、写作能力都出类拔萃。阅读甚至影响了孩子的理想，她很想当一名绘本作者，自己写自己画。亲子阅读更拉近了我们和孩子的关系，促进了我们之间的沟通。

对于亲子阅读，我有这样的感受和建议：

（1）保持平等的关系。这样的共读才会自然、温暖、有家的味道。在共读的过程中，父母和孩子是平等的，都是参与者、倾听者、分享者。刚开始的时候，父母可能会扮演引导者（或者是诱惑者）的角色，给孩子读得多一些。到后来，谁知道呢，可能孩子的探索更宽更敏捷，说不定是他们给我们介绍一本本好书看呢。这一点我深有体会。在女儿三年级之前，基本上是我在给她推荐书。我甚至想了些办法来诱惑她看某些书。比如"欲擒故纵"法。德国作家米切尔·恩德的《永远讲不完的故事》是一本很厚的书，我担心女儿会有些畏惧，就故意把它放在我的书桌上。女儿看见了，问我这本书写的是什么。我说，这是一本特别好看的书，讲的是一个小男孩在幻想世界里变成大英雄的故事。不过这么厚的书，只有阅读能力很强的孩子才能看，你先不要看，我这几天备课时要用这本书。这番话把孩子的兴趣勾起了，趁我不注意，她偷偷地把书拿到房间，没几天就看完了。我用这样的方法"引诱"孩子看了《长袜子皮皮》《蓝熊船长的13条半命》等厚书。有时候，我会故意把想推荐给她的书放到她能看到的地方，因为我知道，以她的兴趣，翻几页就会入迷，《读者》《黄蓓佳倾情系列》等书就是这样进入到她的视野的。到了四年级，孩子的阅读量越来越大，我有些赶不上她的速度了。有一阵子，家里闹书荒，书柜里的书她全都看过不止一遍了，她开始去找同学借书看，开始给我开书单，让我给她购买。从那个时候起，她经常给我推荐一些新书，我反倒成了一个被引导者。我认真地对待她给我的每一个推荐，翻阅、评价、讨论。我相信，在以后的日子里，我会越来越享受女儿给予我的资讯，包括音乐、书籍、电影。前期的导引，不就是想要达到这样的境界吗？当然，有些书孩子可能一时半会儿不会喜欢，我们要学会等待。

（2）聊书很重要。聊书就是在共读了一本书后，大家就这本书涉及的方方面面进行读后的交流。聊书有很多好处，既可以与同伴分享阅读的愉悦，又可以提出阅读中的困惑，还可以聊出新想法。在聊书的过程中，我们已经扮演了评论家的角色。聊书也有讲究，最好安排一个固定的时间，比如周末的傍晚，或者每周一次的家庭读书会上。聊书的对象在家是父母和孩子，在学校是同学和老师，前提是大家都读过这本书。在聊书时，我们可以围绕这些问题进行讨论：你喜欢这本书的哪些地方？你觉得哪一个角色最有意思？有没有不喜欢的地方呢？你不喜欢哪个角色？有没有什么地方你不明白？哪些段落的描写让你记忆深刻？

艾登·钱伯斯对这种聊书方式进行了长达30年的研究。他发现读完一本书以后，孩子们通过讨论和闲聊的方式对所阅读的书表达自己的感受和看法，理解会更深透，热情会被激发起来，不少孩子想再读一次这本书，阅读就进入了一个良性的循环。

没有任何一个人天生就会阅读。孩子的阅读需要引导，在学校是老师的引导，在家里自然是父母的引导。阅读方法很多，诸如我在前文提到的泛读和精读、摘录和品鉴等等。这些方法不要生硬地灌输给孩子，而是在聊书的过程中慢慢渗透给孩子的。例如，你的孩子读书过快，常常错过一些值得细细品读的地方，你不必直接告诉孩子要精读要回味，而是可以通过一些问题让孩子去领悟精读的方法。以《背影》为例，孩子在初读一遍后也许能体会出作者想要表现的父爱主题，但是对其中的某些情感细节可能并未留意。家长可以用这类问题来引导孩子细读：这篇文章有几个颜色词，你能找出来吗？通过这些颜色词你有什么发现？还有，作者流了几次泪，分别是在什么情况下流泪的，所表达的情感有什么不同？孩子带着问题再次细读，或许就有新的发现：全文的基调是灰色的，无论是天空、外套，还是心情都是灰色的，但是有两样东西很鲜艳，一下子跳入我们的眼帘，一个是朱红色的橘子，一个是紫毛大衣。在暗沉的背景下，这两种颜色显得格外鲜艳，作者为什么要强调这两种颜色？因为这两样鲜艳的东西背后都和父亲有关，橘子是父亲费了好大劲买来的，紫毛大衣是父亲特意为儿子赶制的。这两种亮色无疑点明了全文的主旨——父爱。文中写了作者的两次流泪，前后两次是不同的，第一次是不忍看到父亲这般吃力，第二次是不舍得离开年迈的父亲。

让孩子慢慢懂得，精读细品，阅读体验一定比别人来得深。而这些阅读方法，是在一次次的聊书中自然而然习得的。

聊书的话题非常多，不是只围绕着主题来的。很多家长往往最爱问的就只有一个——你懂得了什么？这是不可取的。让孩子畅快地聊，家长最需要使用的词语就是：说来听听，讲讲看呢。孩子在讲的时候，我们是专注的倾听者，孩子讲完后，我们要积极发表自己的看法，这个看法不是强势的，而是润物细无声的引导和渗透。

聊书的方法也有很多，可以阐述，可以提问，可以围绕一个话题进行深入的讨论。

有一段时间，女儿对身体产生了极大的兴趣，老是问这问那，我就给她推荐一本韩国人写的《小女生的秘密》，书里涉及女生的生理知识，考虑到里面的一些专业术语比较深奥，整本书是我读给她听的。一边读，我一边分享自己当小女生时期的发育经历，孩子特别感兴趣，很多问题一下子就明白了。这就是聊书方法之"阐述法"。

有时候孩子在读完书后不知道说什么，家长可以提问，问题是否有价值完全取决于父母水平的高低。不要提过于简单的问题。父母最好先读一遍，提炼几个值得孩子思考的问题。《团圆》是一本很温情的中国原创绘本，我们可以设计这样的提问：你觉得爸爸会不会带走那枚硬币？爸爸会怎样想？你有这样的经历吗？还有些问题需要孩子读完一系列的作品后进行比较和思考才能回答，比如针对一整套集英社的《世界名人绘本》，可以问孩子发现名人的共通之处是什么，他们为什么能成为名人。读了黑鹤的动物小说，可以提问：为什么作者说只有一部分人喜欢他的作品？你属于这一部分人吗？为什么？还可以通过提问训练孩子的发散性思维，比如读了绘本《勇气》后，可以让孩子继续生发：说说看，你觉得勇气还可以是什么？例子很多，这里不一一列举了。

我喜欢这样的对话，孩子和家长的共同探讨，智慧的对答，让阅读的收获翻倍。

（3）尊重孩子的阅读取向。每个年龄阶段，孩子喜好的书籍是不一样的，家长不能拔苗助长。同时，孩子的阅读能力和偏好也有个体差异。邻居家的儿子阳阳二年级就读完了《哈利·波特》全套七册，而有的孩子到五、六年级才开始看，但这并不意味着后读者的阅读能力就比早读者差。每个阶段读《哈利·波特》的收获是不一样的。二年级阅读，可能重在情节，五年级读，会评判其优劣，做横向比较。家长切不可盲目攀比，听到谁家孩子读了什么，立马买来让自己的孩子读，根本不问孩子是否喜欢和接受，这是不明智的做法。

我的朋友俸老师一直在小学研究儿童阅读，他有个观点我十分赞同：阅读的成长有几个阶段，每一个阶段都是对上一阶段的自然脱离，然后进入下一阶段，比如：绘本——简单的文字书——长篇儿童文学——经典名著。关键时刻需要家长的引导，甚至"诱导"。很多人读了一辈子书，始终在一个浅层面，而有些人把阅读视为一种智力游戏，他的阅读已经介入一种思考，所以境界不同。

俸老师的观点里有两个关键词，"自然脱离"和"引导"。一方面，我们要尊重孩子阅读过程的成长差异，另一方面，我们要在关键时期适时地引导孩子。女儿三年级之前喜欢看绘本和故事书，到了四年级，可能受到国学老师的影响，开始涉猎文言文作品，一口气读完了《世说新语》《山海经》《三国志》等。但奇怪的是她对科普作家刘兴诗先生的《讲给孩子》系列不感兴趣。我倒也不强求。结果到了五年级，她自己又开始拿来读了。如果在这些过程中，我一味地干涉，恐怕孩子再也不想接触这些书籍了。孩子到了高段，需要阅读一些情感类的书籍，而非停留在情节和趣味上面。我就从黄蓓佳的作品开始入手引导，因为她的作品既有吸引人的情节又温情四溢，孩子容易接受，然后慢慢过渡到曹文轩的作品，顺利完成了新的阶段的转折。到了初中，孩子开始对财经类作品感兴趣了，我琢磨着把耶鲁教授陈志武先生的《写给女儿的24堂财经课》读给她听，这本书在我的书架上放了将近三年，我一直在等待合适的时机推荐给孩子。

家庭教育案例分享

①

 关于有效阅读的育儿日志摘录

苹果老师

我们一直鼓励涵儿在阅读时要伴随自己的思考，鼓励她发现、比对和质疑。长期的阅读训练和读后交流，让她的能力在增强。这次，她对比了《哈利·波特》和《魔戒》的写作手法，认为托尔金功力更深。她喜欢《魔戒》里优美的诗句，还把这些诗歌背了下来。她发现托尔金的想象力更丰富，因为他建构了不同的幻想族群。最让我惊讶的是，她还开始研究里面的人物名字，不断寻找名字的出处，看与古希腊神话有没有联系，还通过查阅字典，弄清一些名字的后缀，发现了有些名字与人物性格不相符合。有一次她问我，大学有没有一门学科，专门研究小说人物名字来历的。我告诉她，这算是透过文本来进行文化研究了。爸爸很激动，建议涵儿把这些发现及时记录下来。

涵儿痴迷一本书，一定是全方位的。从文本的各个版本，到影片（如果有影片的话），到主题曲。她不懂音律，居然能熟背旋律，并试图用二胡或笛子演奏。她喜欢扮演其中的一个角色，幻想各种情景，自娱自乐，甚至用蹩脚的英语模拟其中一个角色的口吻给另一个人物写信……

不仅仅是文字、图片、音乐、外语，甚至对一个国家的喜好、对某种宗教的亲近，阅读体验，深深地影响着涵儿。

我很喜欢和涵儿探讨这些作品，并鼓励她做更深入的研究。我发现她是一个爱思考、很较真的孩子。有时说到某个话题时，她能立马从书架上抽出这本书，翻到某一页来佐证她的观点。小升初，她考取了外国语学校的奖学金，教她作文的张博士送给她一本厚厚的《哈利·波特百科全书》，这是她一直梦寐以求的书。她看过几遍后，找出了里面的近百个错误，准备给编辑写信纠错。

而如今，她的阅读到了崭新的层面。不是一味地只关注情节，对优美的、有哲理的文字开始留心并有意记忆。她今年的新年愿望之一就是好好比较英国三位幻想作家——托尔金、刘易斯、J.K.罗琳的著作异同。

我欣赏这样的阅读和思考。

② 抱团读书，效果翻倍

玢茹妈妈

在陪伴玢茹的过程中，个人觉得挺有意思的是我为玢茹的小伙伴们组建的读书会。每周五的晚上，小伙伴们就会在父母的带领下，从城市的各个方向，像赴一场盛会般兴奋地聚集在我的家里。当周的值日生早早地就采购好了吃食儿，红的苹果，黄的香蕉，各式点心，讲究地摆好了盘。一张餐桌再加两张小方桌，十个小朋友呼啦围坐了上来。从刚开始分享自己喜欢的书，表演绘本剧，逐渐发展成共读一本书，共同赏析一部电影，共同了解一个传统节日。

记得那晚我们欣赏金子美玲的诗《向着明亮那方》，当到场的家长和孩子们一起动情地齐声诵读时，每一双眼睛都闪烁着晶莹的光。孩子们急切地拿起笔，纷纷写下了自己心目中的"诗"。

五年级的时候，每周一次的读书会已经不能满足孩子们对阅读的喜爱。玢茹自己组建了一个微信晨读群，取名叫"秒珍晨读"。每天早上 7:00—8:00 时段，"嘀嘀嘀"的微信语音提示声总是不绝于耳，孩子们在群里读古诗、读散文、读英文，家长们读道德经、读龙应台等等。上班路上、工作之余，点开"秒珍晨读"群，逐条聆听孩子们琅琅的读书声是家长们最大的享受。现在玢茹上初中了，每周聚一次对于忙碌的初中生来说，是那么不现实。某一天，我发现群名被玢茹改为了"秒珍随意读"，看来爱读的孩子，怎么都可以读！

那些抱团成长的日子，真是阳光灿烂！

附 录

提升阅读力的十大妙招

2010年，受《少年时代》杂志社邀请，我和团队的老师撰写了十期关于提升孩子阅读力的专栏。因为受众是六岁到十二岁的小学生，我们采用了对话的形式，让孩子更易接受。文章涉及各种阅读方法，家长可以和孩子共读这些文字。

 大家好！我是无敌苹果仔，是阅读栏目的首席代言人（做得意状）。为了争夺这个阅读代言人的位置，我可是下了一番功夫。首先，我是个不折不扣的小书虫，阅书无数；其次，我很会选书，只要是我推荐的书连老师都说好看；再次，我是买书"月光族"，别说每个月的零花钱，就连压岁钱也都用来买书了。怎么样，我当这个代言人还算合格吧？其实，我代言的并不只是这个栏目，而是所有爱读书的小学生。你们知道吗？爱读书和会读书是两码事，阅读也是有方法的哟。同一本书给不同的人看，效果是不一样的。有的人看了十本书，却不如别人看一本书来得有用。为什么会有这样的差别呢？那是因为每个人的阅读能力有高下之分。

别看我书读得多，我也经常产生这样的疑问："阅读时，我应该读快点还是慢点？""老师让我做摘抄，到底抄什么好？""怎样通过阅读提高我的写作水平？"后来听老师说，其实这些都是阅读方法的问题。有的人读了一辈子的书，却并不真正懂得阅读的方法，这是很可惜的。

所以对我们小学生来说，不仅要爱上阅读，还要会阅读，更要有效阅读。我们请来了"苹果树下"文学坊的掌门人、阅读指导专家苹果老师，请她为我们传授阅读的法宝，全面提升我们的阅读力。怎么样，跟我来吧——

1. 打造适宜阅读的环境

苹果老师，我知道阅读是需要环境的。我家有一个专门的书房，里面有好多好多书，我就经常坐在里面如饥似渴地阅读，您说，我的阅读环境还不错吧？

没错，环境适宜，阅读带给我们的感受就是舒适惬意的。今天我们就来聊聊阅读环境的话题。孩子们不要把这个环境仅仅理解为阅读的场所，它还包括阅读的氛围和心境。想想看，坐在图书馆里，心里却想着晚上的足球赛实况转播，或者身边的人从不看书，你找不到一个可以和你聊书的朋友，身处这样的环境，多少会影响你的阅读心境和状态。

有个叫艾登·钱伯斯的英国人，他发现了阅读环境对孩子阅读的影响，写了一本著名的书叫《打造儿童阅读环境》，书中就专门提到了两种环境的重要性，一是我们身处的外界环境，二是我们自身的心理环境，他觉得第二种环境，也就是心境更重要。就像去野餐一样，如果心情好，哪怕遇到刮风下雨也别有一番浪漫味道。好的心境是阅读最好的动力。

这样说来，阅读环境太重要了，那怎样打造良好的阅读环境呢？苹果老师，快告诉我们吧！

艾登·钱伯斯给我们支了几招，苹果仔，你可得听好了——

首先，你要处在有书的环境。想想看，你家里有丰富的藏书吗？你的班级建有图书角吗？你喜欢逛书店吗？你是否在附近的图书馆办理了借阅证？如果是，那太好了！你身处一个有书的环境，当你想要阅读的时候，你可以顺利找到想要的书，马上进入阅读的状态。你可别小看了这点，对于一个爱看书的人，在想看书的时候近旁却找不到适合的书，这是很糟糕的事情。孩子们最好能有自己的书柜，用零花钱多购置一些好书，过节过生日你的礼物最好是书籍，慢慢地，你的书就越来越多，你就是一个小小藏书家了。

　　嘿嘿，说的不正是我吗？

　　这仅仅是一个方面，我们还要多交一些爱书的朋友。俗话说"近朱者赤，近墨者黑"，身边有一些喜欢看书的朋友，可以互相影响，要知道同伴推荐的书往往比老师推荐的书更有吸引力。况且分享与交流是人的天性。阅读的一大乐趣就是和身边的朋友讨论书中的情节和角色。"嘿，你看过《夏洛的网》吗？那只老鼠真是太贪婪了。""《精灵鼠小弟》里的老鼠要可爱得多，真难想象两本书怎么会是同一个作者写的！"这样的讨论可以加深你对书本的理解，共同的话题可以使你们的关系更密切。

　　这倒是，我们班的同学就知道做题、练琴、背单词，我读的好些书他们都没有看过，聊起来真没劲。

　　所以你要带动他们阅读呀，这也是在打造良好的阅读环境啊。另外，要学会选书。你阅读的书籍决定并影响着你的阅读品位。

　　怎样选择有价值的书籍呢？

　　首先可以看一些权威的评奖机构评选出来的书。比如"国际安徒生奖""纽伯瑞奖""凯迪克大奖"都是值得信赖的奖项。以"国际安徒生奖"为例，这是全球儿童文学界的最高荣誉，素有"小诺贝尔文学奖"之称，每两年颁奖给其作品对儿童有显著贡献的作家和画家。这个评选非常严格，甚至会出现候选人空缺的情况。另外，找书还可以由点及面，这是做学问的基本方法。一本书的封面、封底和勒口总会给我们一些重要的讯息。比如德国作家埃里希·凯斯特纳写了一系列的幻想作品，每一本书的勒口都印有全套作品的书目，你如果对其中的《5月35日》感兴趣，就可以根据勒口提供的书目去寻找并阅读同一系列的其他书。好的出版社也可以为我们提供正确的选书路径。再一个值得注意的是选书还要看译者，《安徒生童话》在中国有无数的版本，但最好的翻译版本是我国著名翻译家叶君健先生翻译的。他被丹麦本国学者评为世界上两位最好的安徒生童话的翻译者之一。

在班里，我可是选书高手，不过听了苹果老师的指点，我以后一定更会选书了。

最后一点，也是最重要的一点，你得养成持续默读的习惯。每天安排一个固定的时间，或是中午饭后，或是睡前半小时，选择一本喜欢的书安静地独立阅读。在这段时间里，你只需要尽情享受阅读带给你的快乐，不要想着摘录什么，或者是写讨厌的读后感。你只用关注你感兴趣的细节，接收你喜欢的信息。时间不必过长，15分钟到半小时为宜，但记住，一定要持之以恒。慢慢地，你会发现每天的默读时间是你最盼望的时间，最放松最享受的时段，而此时，你的阅读习惯也在不知不觉中养成了。

有一堆好书就在你触手可及的地方，有一帮爱书的朋友，每天有一段固定的阅读时间，我想，你已经拥有了让人羡慕的阅读环境了。

苹果仔悄悄话：这么说来，有一个书房，有许多好书仅仅是良好阅读环境的一部分，可我还没有养成每天默读的习惯，看来我还得再下功夫呢！

2. 读书的快与慢

当拿到一本好看的书时，我总是迫不及待地想把它看完，几乎到了废寝忘食的程度。可是父母老抱怨说，你这孩子看书看得太快了，也不知道看明白了没有。苹果老师，您说我冤不冤，看得快又有什么不好，怎么才算看明白？

别急着喊冤，我问你，你看过书后，脑子里是不是只有一个大概的故事情节？我再问你，每本书你会读几遍？作者写故事的技法，你有没有得到几分真传？

😊 您这一问我倒有些惭愧了，当我看完全部情节，好奇心得到满足后，我就把书扔在一边再不过问了。我自己也纳闷，看了这么多书，怎么作文没什么长进呢？

🧑‍🏫 通常来说，我们阅读一本书有精读、浏览、快速阅读这几种方式。苹果仔拿到一本书，急切地想要知道故事的内容，于是快速地翻看，其实是选择了浏览的方式。这是很正常的，你完全不必责怪自己，对情节的渴求是大小读者的共性。但是，如果读了一本书，只知道故事的大概内容，你的阅读质量就大打折扣了。这时，我们需要通过精读来汲取书中隐藏的价值。

😊 那我们应该怎样精读一本书呢？

🧑‍🏫 当你重新翻开这本书，开始平心静气地阅读时，你就进入了精读的状态。精读要慢，要细，要寻找，要体会。寻找一些有价值的细节，体会这些细节背后蕴藏的意义。你读过《夏洛的网》吧？不知你是否留意到这样一个细节：夏洛为威尔伯织字的时候，为了不让昆虫黏在上面，她选择了很粗的干丝，为了使字更加醒目，她让自己的劳动强度增加了一倍，织成了双线。正因为这样，"王牌猪""了不起""光彩照人"这些字才会如此惹眼，才会引起人们的注意。对于像蚕啊、蜘蛛啊这些吐丝的昆虫来说，丝与生命相联结，丝尽则生命走向枯竭，夏洛不是不知道这一点，但她依然倾尽全力帮助朋友，可以说她在用自己的生命逆转朋友的命运。夏洛用朴实的行动诠释了友谊的真谛。如果我们不细读的话，很容易忽略"干丝""双线"这一感人的细节。

再举一个例子，高年级的孩子可能读过朱自清先生的《背影》，这是一篇著名的散文，写的是父亲到车站送儿子的情景。文中弥漫着浓浓的父子深情。其实作者叙述的语言是非常朴素的，为什么作品还这么打动人呢？你在阅读的时候要留意一些词汇，比如颜色词。全文的基调是灰色的，无论是天空、外套、还是心情都是灰色的，但是有两样东西很鲜艳，一下子跳入我们的眼帘，一个是朱红色的橘子，一个是紫毛大衣。在暗沉的背景下，这两种颜色显得格外鲜艳，你发现作者的用心了吗？他为什么要强调这两种颜色？细细品读，我们才发现这两样鲜艳的东西背后都和父亲有关：朱红色橘子是父亲费了好大劲买来的，紫毛大衣是父亲特意为儿子赶制的。这两种亮色无疑点明了全文的主旨——父爱。另外我们在阅读这篇散文时，还要留意作者的两次流泪，前后两次是不同的，第一次是不忍看到父亲这般吃力，第二次是不舍得离开年迈的父亲。如果你能抓住这些细节的话，你的阅读体验一定比别人来得深，你所获得的也比别人多。

我明白了，慢慢品读，可以从书里汲取更多的营养，引发更多的联想。但老师特别希望我们掌握快速阅读的技巧，因为阅读比别人快就可以获得更多的知识。您怎么看？

快速阅读的确是现代人要掌握的一种重要技能。在国外，快速阅读被列为专门研究的一门学问，已经有八十年的历史了，在中国也有越来越多的人开始关注快速阅读。但对于我们小学生来讲，慢慢阅读更能磨炼一个人阅读的功力。因为在慢读时，所有的词汇我们都用眼睛认真地看过，可以提高词汇量；配合着文字在心里勾勒出各种场景，可以提高想象力；细嚼慢咽后对书本的内容理解更透彻。韩国的阅读研究专家南美英博士在她的《晨读10分钟》里专门辟了一章来谈慢慢读的好处。

当然，读书的快与慢还取决于要读的材料。文学性很强的书，尤其是经典作品值得慢慢品读；如果是新闻或一般的故事，我们不妨把它当作练习快速阅读的材料，浏览浏览就可以了。

苹果仔悄悄话： 只看情节，不加品析，只有浏览，少了精读，我看书收获不大是因为阅读方式太单一了。听了苹果老师的讲解，你知道慢读的好处了吗？你会寻找有价值的细节了吗？如果是这样，你的阅读一定事半功倍。

3. 聊聊这本书

聊书？课间休息的时候，我常听到这样的对话："嘿，那本书看完了吗？好看吧！""太搞笑了，我妈妈看了也忍不住笑。""真羡慕马小跳，有这么个贪玩老爸！""是啊，哪像我爸爸，成天板着个脸。哎，你觉得我们班的张一天像不像那个唐飞？"……苹果老师，这算是聊书吗？

这是聊书最原生态的模式，其实孩子们早就在用这种方法了。与朋友分享一本书，聊聊读后的感受是很多孩子自然而然的行为。

那聊书有什么好处呢？

聊书的好处很多，它既可以与同伴分享阅读的愉悦，又可以分享阅读中的困惑，还可以聊出新想法。在聊天或讨论的时候，孩子们还能学会彼此尊重，因为每个人的想法都是很珍贵的。其实在聊书的过程中，我们已经扮演了评论家的角色。千万别低估自己的能力，孩子们的理解力和洞察力有时超越了成人。

聊书有什么讲究吗？老师，您给我们一些建议吧！

聊书，或者说讨论一本书最好安排一个固定的时间，比如周末的傍晚，或者每周一次的阅读课上。聊书的对象可以是同学老师，还可以是家人、邻居，最好大家都看过这本书。在聊书时，我们可以围绕这些问题进行讨论：你喜欢这本书的哪些地方？你觉得哪一个角色最有意思？有没有不喜欢的地方呢？你不喜欢哪个角色？有没有什么地方你不明白？哪些段落的描写让你记忆深刻？

老师在每周的阅读课上让我们轮流给大家介绍最近看的一本书，这也算是聊书的一种吧？

这是一种很好的方式，既可以加深你对书的理解，还可以提高你的口头表达能力，那就是把书中的内容讲给别人听。你想想，如果你在阅读的时候想着读完这本书要讲给谁听，你一定会读得更加专注，甚至还会在书上做一些记录。在讲的时候，把故事转化成自己的语言，重新对故事进行编排和删节，对提高你的语言组织能力和表达能力是大有好处的。

我常常要学生扮演书店老板，给同学推荐某本书。推荐书比单纯讲故事又进了一步，不仅要讲故事的内容，书中的角色，特别吸引人的几个情节，还会涉及书的作者，创作这本书的背景，这本书带给你的感动，以及它的影响力，等等。你就像一个推销员，通过你的讲述，大家都想去阅读这本书，这就说明你成功了。我记得曾经请了一位儿童文学博士到我班里给孩子们讲童书，她讲了沈石溪的《狼王梦》，绘声绘色的讲述把孩子们带到了丛林荒野，进入到狼的世界，从狼的角度看问题，孩子们产生了共鸣，还对沈石溪的其他书充满了向往。那天下课后，学校附近书店里的《狼王梦》被抢购一空。

如果你的讲述能达到这样的效果，恭喜你，你是一个讲述高手。

真让人羡慕，我也想成为一个讲述高手。

如果你还不能达到这样的效果，你一定要多争取讲述的机会。记住几个要点：①细读这本书，把故事烂熟于心。②绘声绘色地讲述，最好有个精彩的开头语，避免"今天我给大家讲某某书"之类的刻板开头。③对故事的主题把握要到位，还可以评价书中的一些角色。④不要照本宣科，多谈谈自己读后的感触。⑤展示这本书，最好能延伸到作者的生平和其他代表作。

（案例：苹果老师讲《夏洛的网》的开头语——如果有一天，你的一个朋友对你说："我愿为你结网。"你千万不要感到惊奇，他或许是受了一本书的影响。如果你了解了这本书，也许某一天你也会对身边的友人说："我愿为你结网。"很像暗号，是吧？如果这句温情的暗号能传播开去，这个世界会美好许多。今天，我想和你们谈谈"朋友"这个话题，谈谈《夏洛的网》这本书。）

苹果仔悄悄话：嘿嘿，明天的阅读课正好轮到我讲书，学到这一招，我明天可以好好露一手了。

4. 新式读后感

唉，这周老师又要布置写读后感，真烦人！

写读后感很好啊！像我平时阅读，也没有哪位老师逼着我写，但我基本上都会有些批注和感言，"好记性不如烂笔头"，读书不动笔的话，收获少不说，还会很快遗忘。

您说的读后感不是我们老师要求的读后感。我们写的是一篇作文，既要写故事内容又要写感想，好枯燥！

是不是这样的，先写"今天我读了一本感人的书"，再写"书的主要内容"，最后是"掩卷沉思，我好感动啊"。

嗯？您怎么也知道？

像这种程式化的读后感，我们小时候就有了。没有真情实感，没有真正受到触动，这样的读后感，只是为了交差而已。别说你们觉得枯燥，老师读了也觉得味同嚼蜡，该叫苦的是老师啊。

那您说说，读后感应该怎样写？

如果是把读后感当成一种要考的作文形式的话，我们应该想想，是该把书的内容写得多，还是自己的感想写得多？很多孩子写了一长段的内容梗概，自己的感受却一笔带过，这其实是颠倒了主次。读后感，顾名思义就是读后的有感而发，如果有个比例的话，介绍书的内容应该只占30%，感想应占70%，当然写作不是做数学题，不能绝对量化。还有在写的时候，不能把介绍内容和抒发感想完全隔离开来，应该回旋交替，如"看到书中的蜘蛛夏洛，我不由得想起了我的朋友……"这是由书中的内容引出感想。"而我的妈妈不正像书中的这棵苹果树吗？她给了小男孩果实、枝叶、树干，哪怕最后只剩下树墩了也要让孩子来坐一坐……"这是在谈感想的时候又回去照应文中内容，这样的读感交替，就不会显得很生硬。

真是一语点醒梦中人啊！

其实读后感可以有很多种形式的。今天老师就教你几招新式读后感的写法。

新式读后感？听起来就有点新鲜呢。我洗耳恭听！

首先，我们不一定要把读后感写成一篇作文，尤其是那种没有新意的程式化作文。我们可以给作者写一封信，交流你读了这本书的感受和困惑，甚至质疑其中的部分观点。如果可以的话，你完全可以把这封信寄给作者，没准儿还能得到回复呢。当然，你不一定给作者写信，你还可以给书中的人物写信，比如给《草房子》里的桑桑写信，给《我飞了》里的单明明写信。写信的好处在于这种形式让你感觉在和对方交谈，第二人称的写法使得你表达更真诚，更彻底，更深入。

写信？这种读后感是挺另类的。还有呢？

还有就是画画。把你对故事人物的理解画出来，比如读了《夏洛的网》，你可以画一座谷仓、蜘蛛夏洛和小猪威尔伯，把你读到的温馨浪漫统统画出来。你还可以文图结合，给可爱的夏洛画一幅肖像，在她身旁写一首小诗。或者为马小跳做一张身份卡片，画上他的样子，再制作一张表格，填上他的名字、学校、好朋友、淘气指数、代表性事件等等。

哈哈，这多有意思，像我这么爱画画的，就可以大显身手了。

😊 画的好坏是次要的，关键是通过图画和相关的文字把你对书本的理解表现出来，达到加深印象的作用。

😊 哦，原来写读后感是为了加深印象啊？我还以为就是为完成一篇作文呢！

😊 你没有理解到读后感的真正作用，当然会把写读后感当成任务来完成了。前面我说过"好记性不如烂笔头"，写读后感是提醒自己用心阅读，并通过动笔，加深印象。当然这只是一种作用，写读后感还可以促使我们深入理解原著，拓展个人的感悟。还有，我们阅读的过程就是一次与书本交谈的过程，所以旁批也是一种读后感的形式。

😊 什么叫旁批啊？

😊 就是在读的过程中随时在书上写下自己的心得，可以是赞同的，也可以是反对的，有困惑的地方还可以打上问号，当然这本书得是你自己的。旁批有个好处，就是能随时捕捉并记录下阅读的感受，这在读较长的文字书时特别有用。

😊 难怪现在好多书都会在每一页留一大块空白呢。

😊 是啊，这就是方便我们读者写旁批的，这也是老师仍然迷恋纸质书而不愿在网上阅读的原因，因为我有旁批的习惯啊！

苹果仔悄悄话：这么说来，读后感还真有用。今天苹果老师给我们讲了写信、画画、做旁批等新式读后感的写法。我还发现老师让我们填写读书卡片也算一种形式。我都存了好多读书卡了呢！

5. 制作阅读旅行图

😊 老师，有个问题一直想请教您：我们阅读课外书应该很随意呢，还是需要有一定的计划？

😊 拿到什么看什么当然是一种阅读方式，很随性很放松，但如果按照一定的阅读计划来读，就更有针对性，效果会更好。最好能制作一张阅读旅行图。

🧒 阅读旅行图？我还是第一次听说呢！

👩 其实就是一份阅读计划表，旅行图的说法只是更有趣一些罢了。我们可以画一张旅行地图，标出喜爱的目的地，如海南、九寨沟、长城等，然后把未来几周要读的书名写在目的地上，别忘了用箭头标出阅读的先后顺序，一张阅读旅行图就做好了。

🧒 为什么要制定阅读旅行图呢？有什么好处吗？

👩 旅行要有目的地，读书也要有计划性。如果我们制作一张有趣又易行的旅行图，然后按照上面的指示去一本本地阅读，每看一本就画面红旗，写上阅读日期，这会让自己很有成就感。

🧒 那怎样制作旅行图呢？安排阅读计划有什么讲究呢？

👩 问到点子上了！我的朋友丁筱青老师写了一本书叫作《儿童阅读的心灵地图》，她根据不同的学段给孩子推荐不同程度的书，其实这样的划分是很有道理的，每个年龄阶段的孩子喜好的书都不一样。有位韩国的阅读教育专家通过研究发现，小学一、二年级是阅读幻想童话时期，这是人一生中想象力最为丰富的时候，他们对神话、童话故事永远都有无穷无尽的兴趣和好奇心。三、四年级是阅读历史故事时期，到了九岁后，只是幻想就无法满足孩子的需求了，对这个时期的孩子来说，他们更喜欢阅读英雄故事、人物传记，以及有关友情的书籍。五、六年级是阅读知识与伦理类作品的时期，高段的孩子会开始想要知道环绕着自己世界的一切，对科学、社会和艺术产生了兴趣。以友情为题材的长篇小说、科幻小说和侦探推理小说是大多五、六年级孩子的阅读取向。从心理学角度来说，孩子在成长的过程中，接受适当的刺激，对孩子阅读兴趣的培养是相当有用的。

😀 是啊，我现在就对童话不感兴趣了，什么《安徒生童话》，太幼稚了吧？

👩 《安徒生童话》才不幼稚呢，九十九岁的人读都会有收获。我现在床头就有一本，是叶君健先生翻译的，文字很美，每一篇都值得细细品读。这就是经典。我建议孩子们多阅读不同国家、不同文化的书籍，让我们的心灵能得到多方面的滋养。阅读不能挑食，如果要挑食的话，就挑经典的阅读。

😀 哦，原来我这个五年级的学生还是应该读读《安徒生童话》啊！那么，根据年龄特征来选书是唯一的标准吗？

👩 这只是一种方式。我们还可以按照图书类别来安排阅读，如这段时间可以读四本幻想类书籍、两本儿童小说、两本人物传记，每一类放在一起读，就很容易找到阅读的感觉。

😀 最近我们学了一篇课文，是写蟋蟀的，老师推荐我们读法布尔的《昆虫记》，我可不可以这一段时间都看科普类的书籍？

👩 当然可以，这就叫课外拓展阅读，你的阅读计划完全可以配合课内学习来制定。

😀 是的，比如我们学习了某个作家的文章，就可以读读他的其他作品。

👩 能够举一反三，苹果仔真聪明！以作者为圆心辐射出相关阅读，也是一种很好的方法。比如英国作家罗尔德·达尔写了一系列的幻想作品，你看了其中的一本《查理和巧克力工厂》，非常喜欢，就可以根据封底提供的书目阅读同一系列的其他书。这种阅读还有一个好处，你通过阅读，慢慢会明了作者的写作模式和风格，在后面的阅读中就会有一种熟悉感，这种熟悉感会给你带来莫大的兴趣。这也是为什么很小的孩子喜欢一遍又一遍重复听一个故事的原因。而且，你还可以慢慢效仿作者的笔法试着写一些东西。

😀 我就是这样的，看了《银椅》后，我把刘易斯的《纳尼亚传奇》全套书都买来看了，好过瘾！

🧑 说到《纳尼亚传奇》，你还可以和《哈利·波特》做比较，两部作品都是幻想小说。据说 J.K. 罗琳就是受到《纳尼亚传奇》的影响，也把《哈利·波特》写成了七册。呵，话扯远了，总之，制作阅读旅行图就是为了使我们的阅读更有针对性、计划性，当然制定好以后一定要实施才行。

🧑 是啊，光说不练可不行。

🧑 最好的办法是把你的阅读旅行计划张贴出来，念给家人或朋友听，告诉他们你完成的时限，给自己一定的压力。等到完成了这次的阅读计划后，给自己一样小礼物犒劳一下自己。

🧑 阅读获得的快乐就是给自己最好的奖励。

🧑 哇，苹果仔的境界就是不一样，好样的！

苹果仔悄悄话：制作阅读旅行图，是为了让我们阅读更有计划。苹果老师告诉我们可以根据年龄段特点、自己的喜好、图书类别、作者等方面来安排一段时间的阅读。怎么样，试试看？

6. 阅读与思维训练

🧑 我们班有些同学就是不喜欢阅读，真不知道该怎么劝他们。

🧑 你告诉他们会阅读的孩子更聪明，因为阅读可以训练我们的大脑。

🧑 真的吗？我只知道阅读可以丰富我们的词汇量，提高写作能力，还不知道可以让我们更聪明呢。

🧑 一个人是否聪明主要看三个方面：记忆力、想象力、推理能力。而通过大量阅读，我们这几种能力都能得到锻炼。在阅读一篇长长的故事时，我们得记住故事的前因后果，别读到后面就把前面的情节给忘了；我们的脑海里不断浮现出故事所描述的场景、人物的表情和动作，以及身处的环境，推测故事的发展进程；我们阅读中和阅读后的分析和概括，把握各章节的关系，发现作者的写作意图……所有这些都会让我们的思考力得到提升。

😀 啊？我咋觉得我在读书的时候没动这么多脑筋呢？

🧑 是否动了脑筋决定了你阅读效果的好坏。读书要有效，一定要积极参与思考，不能被动地接收信息。如果把书放在面前，却没有让大脑灵活运作，那不过是眼睛在追随字句，这样的阅读收效甚微。就像看电视一样，靠在沙发上，看动画片里的情节，不加思索。难怪有专家说看电视会让孩子的思维呈现出惰性。

😀 那我们该怎样动脑筋呢？是不是一边读一边想？

🧑 是的，我们在阅读的时候要带着疑问，边读边问："为什么？"边读边想："如果是我，应该怎样做？"还可以对书中的观点进行质疑，或站在另一个角度来想："如果反过来会怎样呢？"总之大脑要转动起来，这样我们的思维能力就会逐步培养起来。

😀 有没有一些具体的方法呢？

🧑 最重要的一种方法就是猜想。在拿到一本书以后，只看题目和封面，就预测故事的内容，或者只看开头和结尾，想象故事发展的过程。比如看了《吹小号的天鹅》的头几章，你可以放下书想象：对于一只哑巴天鹅，它要怎么做才能够改变命运，赢得天鹅公主的芳心？看了《小海螺和大鲸鱼》的封面，你要联想这两只体型相差这么大的动物是怎么相遇的，它们之间会发生什么事情？看了《时代广场的蟋蟀》的开头，你可以设想一下这只蟋蟀离开乡下到了城里后会发生什么故事？封面上的猫和老鼠会怎样对待这只蟋蟀？当然我们不一定要和作者想的一模一样，每个人都有各自的智慧，没准我们想的故事比作者的更精彩呢。这种方法，可以训练我们的想象力、编故事的能力，当我们看完全书后，对我们的思维又是一种开拓。

😀 嗯，真是一种好办法。以后我看书，不要迫不及待拿起书就看，还是要稍作停留，猜想一下，这样的收获更大一些。

当然不是所有的书都适用这种方法。我们也不必对每一本书都采用这样的训练方式，因为思维训练的方法还有很多。"生发"就是另一种好方法。我们在阅读过程中由书中的情节生发开去，可以训练我们的发散性思维。比如变色龙突然不会变色了，你要是它的好朋友，除了书中的办法，你还会想出哪些方法？《逃家小兔》的句式很齐整，都是"如果你变成……，我就变成……"一个要逃得远远的，一个要追得紧紧的。很多老师都让孩子用这样的句式续写，也是一种很好的思维训练。

上次您讲到的仿写《勇气》，也是这样的生发训练吗？

是啊。还有我们经常练到的给故事续写一个结尾，或编写另外的故事情节，都是采用的生发训练法。

我明白了，每一次阅读，就是一次很好的思维训练的机会，我们要学会寻找这样的思维训练点。

你真厉害，说得好极了！我们还要像侦探一样发现故事的线索，分析故事的脉络，拨开表面去发掘文字背后的内涵。慢慢地，我们就变成一个高水平的读者了。

苹果仔悄悄话：以前只知道傻傻地看书，还不知道阅读有这么多名堂。错过了这么多思维训练的机会，真是遗憾啊！幸亏有苹果老师的点拨，以后看书要猜一猜、想一想、问一问，这样我的阅读能力一定会大大提高，脑子也会越来越聪明。

7. 大声朗读的妙趣

老师，最近我读了很多书，但是读完后，回过头去想一想，发现才读不久的书，在我脑子里只有大概的故事情节，其他的印象都不深了。妈妈也常说我："读得快，忘得快，就像猴子掰苞谷。"

嗯，你今天提出的问题也是许多同学常常遇到的。苹果仔，你平时读书，除了默读以外，试过大声朗读吗？

大声朗读？在语文课上，老师倒是经常让我们大声朗读课文。但平常课外阅读时，我很少大声朗读。读课外书，也需要大声朗读吗？

是啊，有些时候，大声朗读可以帮我们很多忙呢。

哇，老师快说来听听。

刚才你提到"读得快，忘得快"的问题就可以通过大声朗读来解决。其中的小窍门就是：当我们用默读的方式读完一本书后，不要急着说"我读完了"，试着倒回去，在书中挑选一些写得精彩或自己喜欢的片段或章节，反复大声朗读。朗读时，你的脑子里要尽量想象这些文字描写的画面或情景，并要求自己用声音把它们展现出来，这也就是我们平常所说的眼、口、心"三到"。在这个大声朗读的过程中，你会更加喜爱书中的人物，更加理解作者的感情。这一切都将在你脑子里留下深深的痕迹。

原来大声朗读可以让我们"读得好，记得牢"，真是一个好办法！

德国有一位杰出的语言天才，名叫希泊来，他也是发掘特洛伊城遗迹的人。希泊来能在短短的时间内，学会许多国家的语言，用的便是朗读的方法。一篇文章，他一遍一遍地大声朗读，一直念到深夜。听说，希泊来数次被房东赶出门，就是因为这个原因。结果，每一种外语，他都仅用了三到六个月的时间就学会了。可见，大声朗读也是学习语言的一种好方法。

听老师这么一说，我今天就想实验"大声朗读"。但是，我……我……

有什么问题吗？

要大声朗读，我觉得有点不好意思。

刚开始的时候，很多人都不太好意思大声朗读。所以呀，从另一个角度来说，大声朗读也能增强我们的自信心。只要有了开始，并坚持一到两周，这个问题就会自然解决的。

我可以邀请爸爸妈妈和我一起读吗？

那真是太好了。在家里，如果爸爸妈妈能抽时间和我们共同朗读，是很有意义的事情。有时候我们把喜欢的章节读给爸爸妈妈听，有时候爸爸妈妈把动人的故事读给我们听，读完以后再谈谈自己的看法，听听对方的感受，这本身就是一种独特的情感交流，这样的阅读一定会给全家人带来不一样的收获。

说到这里，我还想到了一个新的读书方法：我们可以把自己喜欢的书带到学校，选择一些精彩的片段或章节为同学大声朗读。耶！下周我们组的语文兴趣活动由我主持，之前我还正发愁不知做什么活动好呢。现在我有主意了，我要搞一个"朗读广告会"！

哇，好新颖的说法，什么是"朗读广告会"？

请同学用"大声朗读书中片段"的方式，为自己喜欢的一本书打广告，比一比，谁的广告威力大。

哦，是个很有创意的点子。我先预祝你的"朗读广告会"圆满成功！

谢谢老师！

苹果仔悄悄话：哈哈，回家以后，我实验了"大声朗读"的方法，真管用！我们课外阅读时，用得最多的方式是默读。有时候，在默读过程中停下来，或者在默读结束后回过头去，把那些自己特别喜欢、觉得特别精彩的文字，声情并茂地大声朗读出来，真的很神奇呢。同学们，赶快来体验一下大声朗读的妙趣吧！

8. 绘本不简单

苹果老师，不知从什么时候开始，我发现在书店里、图书馆里一下子出现了好多色彩鲜艳、包装精美、价格昂贵的图画书。听朋友们说，那些书叫"绘本"，是这样的吗？

对，说得没错！今天，我就和小苹果仔们谈谈"绘本"！

太好了，对于这个话题，我很感兴趣！

让我们先来了解什么叫"绘本"吧。"绘本"又叫图画书，是一种独特的儿童文学类型，欧美称之为picture book（图画书），日本称为"绘本"，这个名称具有很强的东方韵味。

绘本可不同于我们平时阅读的"图画读物""图画故事""连环画"或者是"小人书"。在绘本中，"图"和"文"一样重要，甚至"图"比"文"更重要呢！日本图画书研究者松居直，用下面的这个公式来向大家说明"带插图的书"与"绘本"的区别——

文 ＋ 画 ＝ 带插图的书

文 × 画 ＝ 绘本

苹果老师，以前我总以为只要有图画的书就是图画书，就是绘本，直到今天，我才知道这里面还大有学问呢！

对啊！大家阅读绘本时，应该仔仔细细地欣赏图画，读图可有意思了。《母鸡萝丝去散步》这本绘本你读过吗？在这本书中，如果你只看文字，会觉得故事莫名其妙，情节内容简单得似乎没多大意思："母鸡萝丝出门去散步，她走过院子，绕过池塘，越过干草堆……"可是，绘画者却通过一幅幅色彩鲜艳、生动活泼的画面描述了一个惊险的故事。读者在读图画时，必定会被图画里狐狸的倒霉模样逗得哈哈大笑。如果单看文字，你肯定不会阅读到这么幽默有趣的情节！所以，在阅读绘本中，往往给读者留下深刻印象的是图画！

哦，原来读绘本，读图很重要！

留心图画中的细节，你会有不少有趣的发现。

我一直有一个困惑的问题，在很多人眼里，图画书是"小儿科"，它只适合低年级的同学阅读。爸爸妈妈们从不支持我们看绘本，他们觉得绘本太幼稚了。您觉得这种想法有道理吗？

这种想法是错误的。虽然绘本字数不多，但它简洁却不简单。儿童文学作家梅子涵先生说："优秀的儿童文学是适合各个年龄阶段的人阅读的。"高年级同学，甚至是成年人读儿童文学、读图画书一点儿也不奇怪。因为每一个人都是从童年走来，童年承载着多少梦想，多少期望。一幅幅简洁的图画、一本本经典的绘本一定能唤起所有人童年的记忆。

你可能还不知道，有不少公认的绘本佳作是"无字书"，书上面没有一个字，但一样地传递、表达深厚的含义，受到成年读者的追捧。绘本《爱心树》《失落的一角》《失落的一角遇见大圆满》《流浪狗之歌》等书，会让成年人用一生去体会和感悟。

苹果老师，绘本通常只有十几页，对于这样的一类书，我们应该怎样阅读呢？

这个问题很有价值！阅读绘本是很有讲究的！一本书首先映入读者眼帘的是它的封面，绘本的封面图是书的精华所在，值得细细欣赏。封面除了图以外，还要注意书名、作者名及译者、出版社等重要信息，这些都是小读者不可忽视的内容。

打开封面后，我们会看到封面与书芯之间有一张衬纸，这叫作"环衬"，又称为"蝴蝶页"。这是读者最容易漏读的一页，一般人匆匆翻过，却会错过作者和编辑的独运匠心。

翻过蝴蝶页后，我们便看到了"扉页"。读图画书，应该仔细阅读扉页，因为这是阅读的起点，它仿佛是大戏开场前的锣鼓声响，为正文做好了铺垫。

关于正文，这是你应该精读的部分。告诉你，绘本正文从头到尾到处都隐藏着值得你去发现的小秘密。所以，你千万不要错过图画中的细微之处，读懂了书中的细节，你才会对绘本有更深的理解。

合上书时，绘本的故事就已经讲完了吗？答案当然是否定的。比如，在日本最受欢迎的绘本《第一次上街买东西》的封底，就没有重复书里的故事，而是把故事的结尾延续到了封底上。相信，聪明的你是不会放过阅读封底的！

哇！听苹果老师的讲解真是太过瘾了！我们一定有信心成为阅读绘本的小专家！

那太好了，希望咱们还能有机会一起聊聊阅读绘本的体会！

苹果仔悄悄话：看来，我们得好好给咱爸咱妈讲讲"绘本"的专业知识了。不然的话，他们老认为绘本是"小儿科"。对了，明天和他们一块去书城，挑选几本适合成年人阅读的绘本，让他们也尝尝阅读绘本的乐趣！

9. 做个讲故事的高手

苹果仔，喜欢听故事吗？

当然喜欢听！

知道吗？每个人最早都是通过听故事开始接触文学作品的。在我们会说话之前，大人们就开始和我们玩故事游戏了，比如童谣："嘀嗒嘀，嘀嗒嘀，老鼠爬上时钟去……"或者童话故事："很久很久以前，一个贫穷的妇人和她唯一的儿子过着相依为命的生活……最后，他们过上幸福快乐的生活……"一个个动人的故事引领我们成长。

是呀！从小到大，我听过好多精彩的故事，认识了《白雪公主》里七个善良的小矮人，《丑小鸭》里那只追求美的天鹅……对了，您上次给我们讲《夏洛的网》，夏洛为朋友织网的故事让我流泪，真的好感动。回家我就让妈妈给我买了这本书，我一口气就读完了。

的确如此，我们的文学品位，就深深植根于这些曾经听过的故事中。在讲故事中，我们交换着听来的童谣、童话、传说、神话、笑话，以及幻想故事，这一切都激起我们重拾书本阅读的欲望，让我们再度扮演文学世界里的读者角色，继续阅读下去。我们经常看到一些老师或者同学绘声绘色给大家讲书，因为时间的原因，或者书太厚，不可能一口气讲完。可是精彩的讲述早已撩拨起同学们阅读的兴趣。于是，很多同学迫不及待地去买书，或者找老师或同学借书。你看看，讲故事的确能激发大家的阅读兴趣。身在这样的氛围中，是多么幸福呀！

嗯！有道理。我们班经常开展讲故事活动。不过，我经常看到一些同学照着书给大家读故事，有些同学讲的故事总让别人提不起兴趣。

（微笑）讲故事与读书有很大的区别，讲故事时，我们更像一名表演者，会给听众留下比读故事时更深刻的印象。可以说，讲故事是一项着重于表演者和听众间互动的活动。听过陈岳叔叔讲故事吧？陈岳叔叔讲故事为什么那么动听，你想过吗？

（挠挠脑袋）没想过。

要想激发别人阅读的兴趣，讲故事的学问就大了。不是所有的故事都适合每一位讲故事者。有些人天性幽默，有些人则不然；有些人擅长模仿各种不同的声音，有些人只能用他自己的语调来讲述书中人物的对话；有些人喜欢将故事戏剧化，让听众有如置身戏院的感觉，有些人则喜欢以温馨对话的方式来讲述故事。

看来，我们还得根据自己的特点来选择适合要讲的故事。不过，要想把故事讲得精彩，我们该从哪些方面训练自己呢？

呵呵……答案很简单，就是从犯错误中不断摸索。我们看到一些同学讲故事时，声音像蚊子，这是极不自信的表现，又怎么能感染大家呢？还有，你要让故事吸引人，还得注意讲故事的语速、语调。同时，大量运用表情。如果可能的话，改变声调，来扮演对话的人物，并给故事人物配上形象的动作，再现故事中的情景。在一些关键点上，慢下来，降低声音。适当地压低声音，可以产生神秘感，让听众全神贯注。谁也不是天生的故事高手，要利用一切机会锻炼自己，培养语言表达能力，训练自己的临场应变能力。

以后有这样的机会，我一定多去锻炼锻炼，克服胆怯心理。对了，要讲好故事需要做准备吗？

肯定需要。故事讲得好不好和你的临场反应以及随机应变的能力有着非常重要的关系。有些同学将故事讲得精彩极了。悄悄告诉你，所有看似极为轻松、自然的演员，常常是事前准备最充分、排练最用心的，而这份轻松自然的自信，就来自于能够充分掌握一切的安全感。

给你们介绍一位全美最知名的讲故事高手——弗朗西斯·克拉克·塞耶斯的一些经验：

在选定故事之后，要多读几遍。想想：故事中最吸引你的是哪一部分？它幽默吗？故事情节安排巧妙吗？给人什么样的感受？故事的高潮在哪里？将这些精彩之处牢记在心，在讲故事时，你就可以运用暂停或加快语速等技巧来呈现故事的精彩。接着，你还必须再反复阅读故事，直到你能很清楚地掌握故事里所有事件的先后顺序，以及整个故事情节。将这一切了然于心之后，你得再回顾一次故事，思考一下该如何断句。一切准备就绪后，你就可以利用空闲时间默默在心里为自己讲述整个故事。在完成这所有的功课后，你会发现这个故事将永远属于你了！

原来，再高明的人也是需要做好准备的呀！我以前以为，随便上去讲讲就行了。

呵呵，当你把一个精彩的故事呈现给大家时，你会获得从不曾有过的自豪感，这份感觉与使命感，还会让听故事的人愿意回到你所讲述的故事或者书里，继续阅读下去。看到大家沉浸在读书的乐趣中，快乐也会在心中流淌。

苹果仔悄悄话：看来，要讲好一个故事还真得下点功夫。听了苹果老师的话，我要多去讲故事。相信我会成为一名讲故事高手，把更多的好书推荐给大家。你也和我一起努力吧，一起分享读书的快乐！

10. 从阅读中挖掘写作素材

平时老师让我们写作文，都是要求写家里或学校发生的事情。从阅读中找写作素材，除了写读后感，我还没有试过。

书里有不少值得我们开掘的写作题材呢！要是错过了，那就太可惜了！

那您快给我们讲讲吧！

小学生的作文材料的来源有两个渠道，一个是生活，一个是阅读。前者是直接材料，我们平时的作文大多用的是直接材料，如《一件难忘的事》《快乐的星期天》《一堂有趣的课》等等，很多孩子一说要写作文就头疼，不知写什么好，其实就是日常积累的选材太少了。当然，留心生活中发生的事，随时记下有价值的素材可以解决我们选材的问题。还有一种方法，就是从阅读中获得写作素材。这种材料叫作间接材料，我们完全可以多开掘这样的材料，使我们的写作呈现不同的样式。

可以举个例子吗？

比如孩子们在读了一首诗后，可以按照诗的结构进行仿写，这个我想大家都练过；在读了一本书后，可以就书中的人物或事件写一些相关的作文，如看了《西游记》后，可以就人物性格写《我们班的新同学》，就故事内容写《孙悟空最酷招式大点评》。借助阅读拓宽写作思路的方式有很多，如：给作家或书中的人物写信、假如我是书店主人（介绍这本书）、故事新编、为自己仰慕的人写日记、把书的内容改编成剧本等等。

给作家写信，您以前给我们讲新式读后感的时候也提过。

是的，不光给作家写信，还可以在阅读后给自己的亲人写信。

哦？

去年年底，我在写作课上给孩子们介绍了一个著名的绘本《爱心树》，书里讲了一棵大树把自己的果实、枝叶、树干无私地给了它深爱的那个男孩，尽管自己已经变成了一个老树墩，仍然很快乐。我伴着钢琴曲深情地讲述了这个故事，从孩子的表情可以看到他们被深深地触动了。而后我们经过一番讨论，孩子们都觉得自己的父母就是那棵树，自己就是那个贪婪的不知回报的孩子，于是孩子们给母亲写了一封《妈妈，您就是那棵爱心树》的信。在信中他们重述了这个故事，在讲述的过程中又不断联想到妈妈为他做的事情，有点像前面我讲过的读后感中读和感回旋交替的写法，最重要的是他们通过写信的形式把自己的感激酣畅淋漓地表达出来了，后来他们托我帮忙买到这本书，在新年的前一天晚上把信夹在书里送给妈妈。我确信妈妈收到这样的礼物时一定是感动的，因为我在批阅孩子的信时已泪光莹莹了。

好感人！

对于小一点的孩子，书中的图画也可以给我们提供很好的描写素材。绘本《乱七八糟的变色龙》，讲的是一只变色龙吃了一只怪怪的虫子后开始乱变色，后来被大狮子发现了，变色龙用智慧吓跑了狮子。其中有一幅图，画的是大狮子站在变色龙面前，威风凛凛的样子，把变色龙吓得不行。我就让孩子观察，大狮子怎么可怕？不要光写一个概括语"可怕"，结果孩子们发现了狮子贪婪的目光、在变色龙身上嗅来嗅去的大鼻子、尖利的牙齿、像山一样庞大的身躯、锋利的爪子，于是围绕狮子的可怕，孩子写了一个片段，明白了怎样观察，怎样有序地写外貌，怎样把一个概括的词写得具体。多好的练笔，多亏了阅读。同样的训练还可以用在观察并描写变色龙的害怕方面。我们平时的习作不就是为了训练我们的文字表达能力吗？从阅读中真的可以挖掘出好多练笔的素材啊！

书里的插图可以拿来练笔，书中的情感可以诱发我们写信，还有故事新编、新式读后感，老师，您的办法还真多呢！

还有呢！一本书还可以给我们提供一题多练的机会。比如有一本图画书叫《勇气》，是用散文诗的笔调写出来的，这个作者好有童心，思维好开阔。我们在阅读后就可以一题多练，可续写诗歌《勇气是什么》，可写记叙文《我最勇敢的一件事》，高年级的孩子可写议论文《论勇气》。

听您这么一讲，我的思维被打开了，这下写周记，我不会咬笔杆愁选材了，翻翻读过的书，一定可以找到灵感的。

当然，我们不能临时抱佛脚。平时在阅读时，我们就要养成寻找写作素材的习惯，一有灵感马上记在自己的选材本上，这样就可以有备无患了。当孩子们苦于选材难的时候，不妨试着从阅读中挖掘一些写作的素材，这样你的写作经历会更丰富，更有滋味。

苹果仔悄悄话：同学们，你们曾试过从阅读中寻找写作素材吗？苹果老师讲的这些方法真是让我受益匪浅啊，至少当我找不到素材的时候，还可以从书里发掘一些线索。

苹果老师的叮咛

明代诗人于谦有一首诗特别打动我："书卷多情似故人，晨昏忧乐每相亲。眼前直下三千字，胸次全无一点尘。"于谦酷爱读书，认为读书能得到美好的精神享受。其实喜欢读书的人都有这样的感受。所以我们也想让自己的孩子一生与书结缘，成为一个有情趣、有丰富内心世界的人，这是一件有意义的事情。

要达成这样的心愿，就要想方设法营造浓郁的家庭阅读氛围。家长以身作则，用阅读的姿态引领孩子，用经典来培育孩子的阅读品位。

远离功利，从兴趣入手，给孩子推荐适宜的儿童读物。通过聊书，渗透阅读方法。亲子共读，让智慧碰撞，让亲情发酵。

不让孩子读作文书。作文书里收录的习作大多千篇一律，有的僵化而虚假，有的浅白而粗糙。有读这些书的工夫，不如多读一些真正的经典，滋养孩子的心灵，孩子的文学素养也会悄然提升。

捌 你问我答
——家长还会遇到哪些问题

 家长最想知道

> 困惑一：孩子拿到一个很好的选材，却不知如何剪裁，如何安排文章的详略。怎样提高孩子的叙事能力？
>
> 困惑二：孩子写读后感特别困难，感觉无法下手，有什么好方法？
>
> 困惑三：孩子写作速度太慢，有什么方法帮助他提速呢？

在与家长的交流中，我发现除了前文涉及的一些问题，还有以下几点，都比较集中地反映了父母在指导孩子写作时的一些困惑。

1. 孩子拿到一个很好的选材，却不知如何剪裁，如何安排文章的详略。怎样提高孩子的叙事能力？

这里涉及谋篇布局的能力。有的孩子过于想表达，不懂取舍，什么都想写，

文章就显得详略不分，叙事拖沓。

我五年级班上有一个学生，就常常在作文中犯类似的错。他的作文，乍一看都是六七百字，挺饱满的，仔细一瞧，就会发现其详略安排严重不当。比如有一篇习作，他本想写小时候因为好奇心作祟，把脚卷进了自行车轮子里受伤的事。这个选材很新鲜，重点应该放在受伤前的猜测和试探以及受伤后的痛感、妈妈的反应上。但孩子花了大量的篇幅写妈妈骑车带他去商场的过程。这部分的作用仅仅是引出自行车，本应一笔带过，他却由于不懂取舍，导致半天进入不了正题。像这样的情况很多，话题作文《讨价还价》，重点应呈现买卖双方唇枪舌剑的场景，但不少孩子花了大量笔墨写为什么要买东西、东西什么样，真正需要刻画的讨价还价过程却如蜻蜓点水，缺乏细节。

如果孩子在写作中经常出现这种状况，辅导时，我们首先要询问孩子这篇作文的中心是什么。一篇文章的中心就像太阳系中的太阳一样，我们的详略安排都围绕着中心来定。与中心有关的，就详写；与中心无关的，就略写或者不写。要舍得割爱。什么都写，反倒冲淡了主题。

以《馋嘴小弟》这篇习作为例，中心词是"馋嘴"。围绕着这个中心，你看看以下哪几个材料值得详写：

A. 带巧克力到学校，上课偷吃，被老师发现后挨批评。

B. 半夜偷吃冰箱里的豆沙，结果第二天闹肚子了。

C. 把给妹妹的蛋糕偷吃了，怕交不了差，又偷拿零花钱给妹妹买了一个。

D. 一口气吃了三个汉堡，两对鸡翅，把同伴都惊呆了。

E. 一回家抱着一瓶可乐就喝，结果发现里面装的是洗洁精。

F. 人长得胖乎乎，肚子圆得像皮球。

上面几点，乍一看都挺靠谱，但全盘都用，一篇文章就显得太冗长了。我们来做一个挑选。

首先，F是外貌描写，可以放在文中，不作为重点。

其次，最能表现小弟嘴馋的，ABCDE都可以，但D缺少情节感，适合略写，可以描写小弟的吃相，作为全文的一段补充。C的重点是偷拿零花钱弥补过失，会冲淡全文主题。A和B都写的是偷吃，略显雷同，不如只取其一。E呢，很有趣，但情节感不是很强，可作为候补，根据所选情况来定夺，觉得文章不饱满，就加上这个例子，觉得A或B已经写得很饱满了，就割爱。

这是"割爱版"的简要提纲：

A.弟弟长得胖乎乎的，肚子圆得像皮球。他最大的特点就是嘴馋。（开头：外貌+特点）

B.他什么都爱吃，而且胃口特大，曾经一口气吃了三个汉堡、两对鸡翅，把同伴都惊呆了。（略写）

C.有一次他带巧克力到学校，上课偷吃，被老师发现后挨批评。（详写上课偷吃的神态和动作）

D.真担心他这么吃下去，会不会变成大西瓜。（结尾）

实在舍不得割爱，可以用排比的形式来略写几个事例，再重点写某一两个事例，即"详二略六"（详写两个事例，略写六个事例，下同）。"详一略四"也可以。

有一次，受特级教师贾志敏老师一堂课的启发，我让学生写《糊涂的爷爷》，有以下素材可写：

A.出门忘带钥匙。

B.鞋子穿错了。

C.取钱忘取走银行卡。

D.衣服扣错了纽扣。

E.把手机放进了冰箱。

这些素材都挺有意思，但似乎E选材最独特，不如采用排比式，"详一略四"，前四个蜻蜓点水一笔带过，最后一个细细刻画——

我的爷爷快七十了，身体倍儿棒，胃口倍儿好，就是老爱犯糊涂。不是出门忘了带钥匙，到银行取了钱忘取走银行卡，就是常把鞋子穿反，衣服的纽扣"搭错亲家"。这不，前两天，他又干了件让人哭笑不得的事儿……

再举一个我指导女儿写作的案例。

有一年，我带孩子到新加坡旅行，回家后让孩子写一篇游记。女儿犯愁了，五天的旅行，安排得满满当当，丰富多彩，到底从何下手呢？我们开始聊，新加坡的什么给你印象最深，哪几个景点是你最想写的？经过筛选，女儿决定写三篇习作，一篇是她对新加坡的总的印象，用小标题的方法来架构。另外两篇写圣淘沙和莱福士酒店。

这里以莱福士酒店为例。我们那天是为了传说中的"新加坡司令"而去的这家酒店。没有想到这是一个如此有特色的地方。历史悠久，陈设精美，一切都么令人着迷。女儿要写的点太多了。我们通过看照片、查资料，确定了以下几个点：

A. 长吧（酒吧的名称）的环境和独特之处。

B. 酒吧里其他客人的行为。

C. 聚焦"新加坡司令"。（颜色、口感）

D. 引入部分该酒店的背景资料。

我对女儿说，酒店很大，而我们的重点是长吧和"新加坡司令"，其他的只是作为背景补充，无须细写。引入的资料也要删减，否则有抄袭之嫌。

女儿习作（五年级）：

在莱福士酒店喝"新加坡司令"

"新加坡司令"不是人，而是一种鸡尾酒。这次的新加坡之旅，妈妈最渴望的就是在莱福士酒店喝一杯新加坡司令了。

　　进入这家有着125年历史的酒店的酒吧，我不由自主地放松下来。抬起头，一大排扇子整整齐齐地摇摆着，好像被施了魔咒一般。地上有一大堆花生壳，走在上边，咔咔地响着。左边是一个长长的吧台，有不少老外坐在那里喝着本店特色鸡尾酒——新加坡司令。右边是二十来张藤编桌椅，人们都坐在那里喝酒、聊天、吃花生，花生壳随地扔，这可是本店的一大特色呢。鸽子在大厅里飞来飞去，啄食着落在地上的花生。

　　我们找到了一张角落里的桌子，坐了下来，和别人一样，点了两杯新加坡司令。在等酒的时间里，我无意间发现邻桌的一个小老外，顶多不过两岁，在嘈杂的环境中睡得正香。啪啦啦，来了一只麻雀，躲在桌子底下抢花生，居然没有把小老外给吵醒。室内光线昏暗，合着舒缓的背景音乐，让人把一切都抛在了脑后，只想着花生和酒赶紧上来。

　　正想着，侍者端来了两杯新加坡司令。这是一种玫瑰红的饮料，非常漂亮，上面有一层白沫，杯子上卡着用牙签串起的菠萝和樱桃。喝一口，甜甜的、酸酸的，很清凉，但有一股浓郁的酒味。听说，这种酒是一百多年前一位华人酒保发明的，他把琴酒、菠萝汁、樱桃汁调和在一起，没想到一经推出，就大受欢迎，成为莱福士酒店 Long Bar（长吧）的传奇。

　　当然，更为传奇的是这家酒店了。它历史悠久，有很多名人都喜欢来这里。据说著名作家毛姆就是在这里完成了知名小说《雨》，喜剧大师卓别林也曾经在这里住过。

　　我喜欢在这样古老的建筑里品味一杯古老的饮料，感觉真是棒极了！

2. 孩子写读后感特别困难，感觉无法下手，有什么好方法？

说起写读后感，的确是一件令家长和孩子头疼的事。因为我们很难有创新。我小时候最喜欢写读后感，为什么呢？因为好写。拿着一本书，先写第一句：最近我读了一本书，书的名字叫……；然后翻开书前面或背后的内容简介开始抄：这本书讲的是一个……的故事。最后，一句话搞定：掩卷沉思，我深受感动……用这样的方法，我一个上午可以写五篇读后感呢！孩子们听了我的故事就想笑。我说你们别笑，尽管过去了几十年，我看到现在很多孩子写的读后感，跟我当年如出一辙，还是三段论，没什么长进。

那怎样才能写出不一样的读后感呢？

首先，要让孩子明白，读后感是写我们读了一本书或一篇文章后的体会、感悟和观点。观点可以是赞同也可以是不赞同。读后感重在"感"，要重点写自己读后产生的感想、思考、评价以及联想到的事情，这样才能体现自己的独创。而文章的主要内容只需简要写出，无需长篇大论地引用摘录。如果用百分比来划分，"感"大概应占全文的七成，"读"最好不超过全文的三成。孩子写的读后感往往本末倒置，大篇幅的内容介绍，自己的感悟却一笔带过，完全背离了写读后感的初衷。

再则，"读"和"感"不能生硬地排列，很多孩子在写读后感时，总是先写书的主要内容，再谈谈自己的感想，连过渡语都是一样的："读了这篇文章，我不由得想到了……"这样的读后感缺乏新意。我们提倡"读感结合"，交叉进行。怎么操作呢？可以在介绍了文章内容以后谈谈自己的感想，又在谈感想发议论的同时回到文中去印证。可以使用自然的过渡语，如："文中讲了一个……故事（主要内容介绍）……读到这里我想起了……正如文中父亲所说……在我们的生活中不乏这样的例子……"当然，这仅仅是一种过渡方式，在具体行文时，小作者要根据实际的情况进行调整，使读和感自然过渡，紧密结合。

读后感的风格可以是抒情的，也可以是说理的，风格要依文而定，比如朱自清的《春》《荷塘月色》《背影》多为抒情散文，写这些书的读后感，也应以抒情的笔调为主。而小学课文《中彩之后》，讲的是诚信的故事，可以采用说理式的读后感，用诚信对人对社会产生的几种积极影响来架构全文，如："诚信可以赢得他人的尊重。""诚信可以影响并教育好子女。""诚信可以促进社会秩序良性发展。"每一个观点可以统领一段话，再分别在里面填充事例。说理与抒情可以合二为一，不一定非要那么泾渭分明。

要把"感"写饱满、生动，一定要虚实结合。所谓"虚"，就是作者的抒情、感慨、评价、赞叹等。所谓"实"，就是具体的事例。一篇读后感如果全是作者的抒情感慨，就显得空洞；如果全是事例的堆积，就少了灵动和文采的提升。

事例来源很多，可以是自己亲身经历的事情，也可以举他人的事例，甚至动植物、自然现象都可以成为例证，还可以引用报刊、书籍、传统习俗、名人名言来举例。总之，读后感的事例，考的就是作者的旁征博引，思维的广度和深度要在这里得到充分的体现。

每个例子后面最好能做个小结，使之得到升华。比如在一篇关于母爱文章的读后感里，作者引用沈石溪《斑羚飞渡》作为例证后，可以这样作结："由此看来，母爱、亲情、友情不仅在人身上，在动物身上也能体现出来。"

有的孩子一心想着找更多的例子，却往往忽略了文章中的事件，其实，对文中的事件进行深入剖析、体会，或许会产生意想不到的效果。

学生习作：

伟大的母爱
——读《懂你》有感

五年级　高雨菡

如果有人问你："这世上最伟大的是什么？"你会怎样回答呢？如果是我，我会不假思索地告诉他："当然是母爱！"是啊，这世上还有比母爱更伟大、更无私、更令人感动的东西吗？

今天，我读了一篇感人的文章《懂你》，里面讲了几个关于母亲的故事。其中一个是发生在医院里的故事。病房里，一位身患白血病的母亲用自己剩余不多的时间争分夺秒地为深爱的女儿织毛衣，那是一件用伟大的母爱一针一线缝织的毛衣呀。那件毛衣充满着浓郁的母爱、温暖的亲情。织好后她把毛衣整整齐齐地叠放在枕头下。当知道自己可能会在三天后的6月1日死亡时，她便做出了与死神周旋的决定。四天后，她从半昏迷状态下醒来，得知已经是6月2日，安详地闭上眼睛，离女儿而去。这是不能用语言形容的伟大母爱，为了不影响女儿节日的心情，她是那么坚定，没有丝毫的犹豫，如果没有伟大的母爱在背后支撑，是没有人敢与死神抗争的啊！说到这里，我不由得想起了我的妈妈，如果她是文中那位母亲，一定也会为了自己的女儿，向生命最后的希望发出呼唤，尽自己所能，维持生命最后的烛光……

文中还讲了在一次大地震中，一位母亲怀抱一个婴儿被困在了废墟里。救生员们四处搜寻，可就是发现不了她们，婴儿嗷嗷待哺，已经奄奄一息，那位母亲几乎是毫不犹豫地用尖利的石头割破静脉，把鲜血滴进婴儿嘴里。当人们终于找到她们时，那位母亲已经停止了呼吸，而那个婴儿，则以响亮的啼哭歌颂着母亲的伟大。如果没有母爱的支撑，她能有足够的勇气用自己的鲜血去挽救一个生命吗？读了这个故事，我被那位母亲为了孩子大无畏的勇气所深深打动：那滴进孩子嘴里的哪里是鲜血呀，分明是母亲生命的唯一希望，是母亲满腔的爱。鲜血一点一点地滴进婴儿的嘴里，婴儿的脸色渐渐红润，她的生命在渐渐复苏，母亲的生命之火却在一点一点地熄灭，一点一点地消失。我相信，当那个婴儿长大成人听说了关于自己母亲的故事后，她一定会将这份伟大的母爱传递下去……是啊，天下的母亲不都是这样的吗？我又想起了我的妈妈：记得有一次，我和妈妈因为一点小事吵了起来，我当时还理直气壮，把妈妈都气哭了。如今想来，我是多么后悔，自己是多么不懂事，怎么就忽略了妈妈的心情呢！我真想跟妈妈由衷地说一声："对不起。"

正如文中所说："母爱是伟大的，是无私的奉献和付出。"读了这篇文章，我真的懂得了母亲，懂得了母爱的意义。

雨菡写这篇文章的时候刚上五年级，从文笔看还稍显粗糙，抒情也显得有些做作。但我们看出孩子在接受了老师指导后的大胆尝试。文中画下划线的地方是对原文故事的简要叙述，粗体字则是对事例本身的深度感悟和剖析。虽然雨菡没有过多地列举其他的例子，但丝毫不影响这篇读后感的饱满和生动。

所以，写一些故事性很强，尤其是由好几个小故事串起来的文章的读后感，不要舍近求远，就在故事本身下功夫，谈自己的感想和思考，写出来的效果会比从书外找一大堆事例来堆砌的效果好。

读后感的开头也很重要，让孩子试着告别"今天我读了一本感人的书，名字叫……"的陈旧开头。其实有很多开头方式可以尝试：如引入式（引文式）、以身边的例子入手式、提问式、抒情式、改变观念式（如：我以前可讨厌蜘蛛了，自从读了《夏洛的网》以后……）、感受式开头，等等。

至于题目，我建议用正副标题的形式，凸显主题，也更有气势。正标题揭示主旨，精练有力，副标题很简单，就是"读《××××》有感"。如：

为生命而歌——读《假如给我三天光明》有感

坚持不懈的力量——读《从奴隶到将军》有感

爱的大网——读《夏洛的网》有感

读后感是一种特别的议论文,是看了一本书后发表的议论,自己的体悟就像论点,找的例子就像论据。对于小学生来讲,这的确有一定的难度,需要通过练习慢慢积累经验,不要急于求成。有时候,只写一两段读后感悟,是一种好的方法,类似于前面提到的片段攻克法。

比如,我曾经在课堂上分别给四年级和六年级的孩子读过《一片叶子落下来》,让他们写几句感悟,这不是通常意义上的完整的读后感,但有助于让孩子集中精力写下自己感触最深的部分:

人生虽然短暂,时间不会随意停留,但可以在这短短的、有限的人生里活出自己的精彩。人总归是要死的,但丝毫不遗憾。岁月中有许多精彩,生命会不断轮回,或许你会在死亡时得到更多快乐。要在快乐、幸福中活着,死去也一样要开开心心的。

——四年级 肖钦若

生命短暂,岁月无情,关键是在属于自己的时光里活出精彩。

——四年级 雷蕊伊

人的一生,或长久,或短暂,那又如何?珍惜每一天,做好你自己,让每一分每一秒都充实地度过,让生命绽放出最璀璨的光芒!死亡,是每一个人都必定要经历的,因为,死亡本身便是生命的一部分。不要畏惧死亡,毁灭的尽头是创造,死亡的尽头是重生。

——六年级 文睿姝

既然我们生时无法为自己欢呼,死时也不能为自己哭泣,那么,我们就要在自己活着的时间里,多做一些有意义的事,让自己活得更精彩。万物终有一个结果,那就是死,换句话说,是让生命去感受新的轮回。

——六年级 胡开来

曾经听过一句话:"生如夏花之绚烂,死如秋叶之静美",生命从不奢求可以永远地延续下去，或许长久或许短暂，它终有终结自己的一天。倘若我们在它还存在的时间里纵情地燃烧自己，就会绽放出自己耀眼的光芒。

——六年级　汪逸悠

这些感悟来得真切，若加上一些实例，并对原作进行剖析，就能扩充为一篇较好的读后感了。

我们来回顾一下前面说到的一些写读后感的方法：

※ 读后感重在"感"，"感"要占全文篇幅的70%左右。而且"读"和"感"要交叉进行，告别老套的三段论。

※ 读后感的风格可以抒情，可以说理，可以二合一，要依文而定。

※ 读后感要"虚实结合"，不要空发议论，也不要堆积例子。

※ 读后感的例子来源很广，每个例子后面最好做一个小结，使其升华到主题层面。对文中事例的挖掘和剖析也是一种好的途径。

※ 开头的方式可以多样化，题目最好采用正副标题。

3. 孩子写作速度太慢，有什么方法帮助他提速呢？

我女儿曾经是班里写作最慢的孩子，每次写作课她都会留到最后，比别的孩子晚交半个小时。当时我也挺心急的，但老师的一番劝解让我释然，为此我还写了一篇博客，记录了当时的心情——

学会等待

女儿上二年级，喜欢写作，恰巧周日下午空当，我就让她插到李老师的三年级班学习。一是想让她提前接受系统的作文训练，二是想让她沐浴李老师慈母般的细腻情怀。

由于天性不急不躁，加之年龄偏小，每次写作在班上她都是最后交卷，有时甚至拖堂半个小时之久。看到忙了一天的李老师因为她一个人而迟迟不能回家休息，我满心歉疚，忍不住要责怪女儿，每每如此，李老师都会制止，极有耐心地表示会等孩子写完再走。

上一周正好是妇女节，女儿又拖到了最后，让李老师没法及时赶回家过节。我连连催促孩子写快点，几欲发火，没想到李老师拉住我劝道："你还记得兆涵吧？就是那个发表了作文，又连连获得全国作文大赛一等奖的孩子。她刚开始的时候也很慢，她妈妈很着急，我就对她说，孩子的慢有不同的情况，有的是开小差不认真，这个肯定要批评，但有的孩子是很认真地在构思，想写得更完美一些，对这样的孩子，我们除了耐心等待，还能做什么呢？你女儿就是这样的孩子，假以时日的话，她慢慢会快起来，何况她才二年级，能写成这样已经非常优秀了。"

李老师的一番话让我释然又感慨。天下有很多的慢孩子，可能动作慢了些，理解能力慢了些，又或许进步慢了些，他们是迟开的花朵，早晚会绽放，甚至因为开得迟，颜色更艳丽。但不幸的是，他们中的大多数遇到的恰好是急躁的老师和父母，没有耐心和爱心去等待，于是这些花朵还没有到花期就被父母和老师骂蔫了，再也没有信心和力量绚丽地开放，可惜！

幸运的是，女儿遇到了李老师，而李老师又影响了我，那就让我们再耐心些吧……

我在第四章提到，孩子写得慢，不是态度问题，而是能力问题，心里明白要写什么，却不知怎么组织语言，表达受阻，才会词不达意。针对女儿的具体情况，我采用的方式是让她做口头作文和片段练习，为的就是培养语感，打通表达之门。后来我又发现，孩子的入笔很慢，一篇作文，她会花十五分钟构思开头，一旦开了头，后面的内容可以很快写就。我就让孩子专攻开头的写法。同一篇作文至少写三种开头，选材本上的题材只写开头，读课文和书刊上的其他文章,重点关注开头。经过一段时间的训练,孩子入笔自然就快起来了。

所以,孩子写作慢,家长不能一概而论,要具体分析,孩子的慢是由于什么造成的?是选不到合适的题材,是不知道怎么开头,还是边写边玩,心不在焉?

如果孩子是属于能力不够,建议家长参考本书的第四、五章所提供的方法。第三章主要帮助孩子学会积累生活素材,学会选材;第四章涉及的先说后写、先问后写、不拟提纲不作文等方法都能有效提高孩子的写作速度,家长可以有的放矢地对孩子进行训练。

如果孩子是属于不用心造成的拖沓,就是学习态度问题了。有家长问我:孩子在学校作文写得挺快,一节课就能写四五百字,怎么一回家,两三个小时都不能完成一篇呢?

我分析了一下,可能有以下原因:

A.学校的习作大多是老师指导过的,写起来相对轻松;在家里写的作文需要自己审题、选材、构思,难度加大了。

B.学校有老师监督,有时间限制,大家都在写,氛围很好,专注度就高;家里环境相对宽松,注意力容易分散,写作效率自然就降低了。

C.也有可能跟作文题目有关。遇到熟悉的、好写的题目,孩子往往入笔很快,但遇到一些稍显生涩的,或者提不起孩子兴趣的老套作文题,或者远离孩子生活实际的题目,孩子就显得吃力,磨磨蹭蹭半天写不出来。

针对上述原因,我有以下建议:

※ 家长要清楚孩子所写的作文题目,先听听孩子的想法,建议其写下提纲。对于有难度的题目,带着孩子分析一下,提出自己的见解,稍做点拨,降低难度。

※ 和孩子约定写作时间（一个小时为宜），对于严重超时的情况，要予以相应惩戒。

※ 孩子在家里写作应不受干扰，写作之前解决喝水、上卫生间等问题，一旦开始写作，就像在学校考试一样，不得离开书桌。

家庭教育案例分享

"定制"作文

嘉琪妈妈

一晃琪琪快小学毕业了，有了自己的写作思路和风格，写文章查书多于问我，可我还是很怀念那段带着她写作文的时光。

琪琪四年级的时候，学校组织去军训。作为爱干净的孩子，她其实是抗拒的，还想过让我请假。但我觉得这是很好的锻炼机会，还是"狠心"送她去了营地。军训回来，晒到耳朵脱皮的娃没有想象中的疲累，小眼睛亮闪闪的，急切地想要跟我分享这周的见闻。我挺高兴，看来学校让军训是有道理的。

琪琪："妈妈，我给你说，那天晚上我吓惨了！上个厕所都被抓来站起！"

妈妈："哦，哪个喊你晚上乱跑呢？"

琪琪："主要是生活老师像个'鬼'一样，还藏起来吓人！"

妈妈："那她长啥样？很怪吗？"

琪琪："她不是长得怪，是穿得怪，还染红头发！"

妈妈："那你具体形容一下。"

琪琪："……"

那天晚上孩子和我聊了很久，看来这一周的生活给了她特别新奇的体验。趁着她在兴头上，我试着提出希望暑假把这些故事写成文字，以作纪念，她愉快地答应了。

7月下旬，琪琪开始动笔。写了一小段，她就面露难色跑来找我："妈妈，写不了，要写军训的五天吗？这样要写好多字，我觉得写不完。"

妈妈："不用呀，咱不写日记。你想写什么？"

琪琪："好多呀，我的教官、生活老师、训练、晒太阳、我睡的床、好朋友媛媛……"

妈妈："确实有点多，找几张纸，我们来理一理吧。"

铺开纸，先陪她找出重点——孩子印象最深刻的人或事。沟通后得出结果，一共有四个：住的地方、半夜找蜘蛛、上厕所被生活老师抓住教育、"很凶"的教官。确认重点以后，我建议用思维导图来组织文章内容，看着树枝一样的思维导图，这时琪琪有信心多了。

我们先从"惊吓"最厉害的半夜被抓事件开始分析。孩子感到困惑的是无法确认内容主次，即到底要写人还是写事。我的建议是写事是为了烘托人物，如果和人物没有多大关系的就可以不写。被生活老师抓住的缘起是半夜折腾找蜘蛛，但这个点不必写在描写生活老师的部分。

然后我让琪琪用最简单的气泡图来列出生活老师的特征，她画了三个圈，分别写着：外貌特别、严厉、惩罚很重。这对应着外貌、性格、职业素养。下一步我让琪琪在每个圈外标注她能想到的点。在"外貌"圈外她写上了红头发、运动服、高跟鞋；"严厉"圈外写了声音大、训话、骂人；"惩罚很重"圈外写着上厕所被抓、罚蹲。

到这里写生活老师的内容大部分都有了，我让琪琪想一下怎么分配这些内容的篇幅。她的想法是还是要详写"被抓"这件事，当时老师让她又吓又累。

我觉得这样是个不错的安排，因为深刻的记忆更能复刻出鲜活的画面感。

当四个重点都分析完以后，整篇文章的框架、故事、内容详略都基本确定了，现在只剩下编排内容顺序了。对于孩子来说，严密的布局是难以做到的，如果我插手又失去了她创作的独立性。想了想我跟她讲："要写什么你都知道了。这次我们挑战一下自我，讲一个长故事，每个故事独立又能相互关联。你现在需要自己思考内容的先后顺序和描写手法，然后不要漏掉列出的要点。"琪琪点头，答应得很干脆。

后面的七天，琪琪有空就在写作，我有空会捧杯茶陪她。其间她涂改了好多遍，写一段会给我看看。我则是当好读者捧场赞叹，偶尔就细节描写给了些小建议。最后成文是仿章回体小说的军训记事，行文自然流畅，人物形象也算生动。作为不够专业的妈妈，指导孩子"定制"作文的经验是——不是孩子不会写，是真不知道应该写什么，从何处下笔。妈妈需要做的就是引导和倾听，并提炼出重点，其他的交给孩子自己完成。至于具体的描写手法，要信任老师们，他们肯定都教过的。

军训记事

张佳琪

宿 舍

下午吃完饭，我们终于看到了这几天要住的宿舍。这里虽然简陋，但很干净，整间宿舍不足十平方米，上下铺摆得整整齐齐，一边两张，一边三张。一张小得可怜的木柜放在门边。

我并不是反应特别快的那种人，当想起挑铺位时，大家都挑好了。只剩下靠门的一张上下铺，我和媛媛便安定下来，她睡上铺我睡下铺。我的位置看上去是最差的，但我在这儿睡了一天后，发现了它的种种好处。这里正对着风扇，凉风习习。一睁眼，就可以看到一排青翠挺拔的松树。宿舍从不关门，每天一醒来，清新的空气让我心情舒畅。

大家兴奋地爬上铺位去感受。我刚躺下去，就看到上铺床板上写的字儿。凑近一看："小心女鬼，半夜别睁眼。（国家防鬼社）""8号床有女巫。（国家人类保护社）"。我还没有仔细看，就听见媛媛在上面"啊！啊！"叫了起来，我赶快爬上去看。她指着床上一行字说不出话来，这句话特别大胆："生活老师是猪！"我想这些都是什么鬼，我倒是想写某某到此一游，只是我不敢。

接着我们开始套被套。有的人很会套，分分钟套好。妈妈没教过我怎么套，我干脆把被子胡乱塞进被套，整个人钻进去套，居然套好了。媛媛也用的是我这种方法，却怎么都没套平，她苦恼地说："算了，我不套了，直接把这玩意儿当睡袋在地上睡，这样多舒服！"

听着她冒傻气，我却不太笑得出来，我有种不好的感觉，这床板好硬。

折腾的第一夜

熄灯铃打响了，只有一层薄垫的床好硬，不舒服，我翻来覆去睡不着。不过因为劳累，后来还是迷迷糊糊睡着了。

"啊！天！宿舍里有只银白色的蜘蛛！"一个尖厉的声音在这安静的夜里让我从床上弹起来。当！脑袋撞上了床板，又重重地跌回床上，天旋地转。其他床也传出了些响动，"它在哪儿？离我近吗？""火爆女"冰冰小声地惊叫。"银白色，这是女鬼变的吗？"一向天不怕地不怕的袁室长也显得有些恐惧。

媛媛似乎不太害怕，只是笑笑，"有可能是看错了。""大家别急，我来看看。"然后小y打开手电，"啪"的一声，一团光亮起，漆黑的宿舍亮了一些。她坐在床上，头发乱糟糟，像顶了个鸡窝儿。睡衣以一种特别奇怪的状态套在身上——她扣错两个扣子。

女汉子小 y 跳下来，踢着拖鞋，地板嗒嗒作响。她举着手电到处晃荡，我先看到一面墙，上面没有蜘蛛，也没有其他虫。S 和月平躺着，无声无息，也不知是否醒了。雪缩在床角，把被子盖过头顶，声音抖抖的："它在不在我床上？"这时我看到一团抖动着的绿色，这团绿色里传出颤悠悠的声音："我——是——女——鬼——"听到这声音，我踏实了，知道这是袁室长捏着嗓子在说话，那团绿色也变得卡通起来。

手电光照到 8 号床，真真长长的头发透过床板垂在露露的头顶，随着露露的呼吸在微光中飘荡，配着"我——是——女——鬼——"的声音，我的心仿佛也被那丝丝缕缕纠缠捆绑，一时透不过气来。"啊！"我控制不住地和大家同时发出一声尖叫。突然想起熄灯前看到床板上写着"8 号床有女巫（国家人类保护社）"，果然不安全，露露竟然还安稳地睡着！

照了一圈，小 y 说："没事了，大家睡吧！"我才松了一口气，半夜又吵又闹，找蜘蛛的事情还是很白痴的。我要睡了，一条虫而已，爬过来就拍死。

苹果老师的叮咛

- 关于孩子写作能力的家庭培养策略，父母在实践中还会遇到不少现实的问题。好在我们身处一个资讯发达的时代，只要有一颗善学的心，就能通过各种途径求得解决办法。

- 作文辅导涉及的不仅仅是"术"的问题，还有对孩子的品性培养，所谓"作文即做人""文如其人"就是这个道理。

- 作文辅导也是亲子沟通的学问，是让孩子心甘情愿地接受我们的辅助，还是"强迫"孩子顺从我们的安排，这得看家长的沟通技巧是否高明。

- 我们培养孩子的写作能力，是指向"文学"的大境界，含纳万千，需要父母下一番功夫来钻研，因为，亲近文学的孩子更幸福！

后记

亲近文学的孩子更幸福

伍苹

就生命的品质来讲,幸福比成功更重要。成功的人不一定幸福,但幸福的人大多都很成功,不是在事业上成功,就是在经营家庭方面很成功,或者在管理自己的情绪上、与人相处方面很成功。

要培养一个人的幸福感,可以从很多方面入手,小时候的经历、家庭氛围、人际沟通、看待世界的角度、面对挫折的气度,等等,而文学对于幸福指数的影响不容小觑。

我们说,亲近文学的孩子更幸福,不是空穴来风。我是文学硕士,从事的工作也跟文学紧密相关。文学带给我的愉悦感、幸福感,真的是无法言说。我的感触会比较细腻敏锐,下雪时,我能感受雪花的轻盈、大地的静谧,而我身边的朋友却抱怨雪花迷眼,还总往嘴里钻。在山间漫步,我能静听秋蝉的低吟,感受山的呼吸;坐在山间的亭子里小憩,我能感受天人合一的美妙。我喜欢一个人在青城山小住。常常有朋友觉得不解,问我不害怕吗?不无聊吗?不闷得慌吗?他们哪里知道,有书做伴,内心饱满,怎么会觉得孤单无聊!这是文学带给我的无限幸福。

喜爱文学的人，他对生命的感悟会比别人更深更广，他会借由书籍排除烦扰，平衡身心；他容易理解别人的处境，豁达乐观；他的心会相对比较宁静，他有传统文人的"达则兼济天下，穷则独善其身"的通透智慧。

喜爱文学的孩子同样如此。身处爱的环境，他不会麻木不仁，觉得理所应当；他会惊喜于春天的一缕柔风，感叹四季的无限轮回；他热爱阅读，从书中获取知识和乐趣，拓宽眼界；他喜欢表达，无论是通过文字还是口头表达，都能传递他的忧喜。这样的孩子有情有义、知书达理又充满灵性，他身上散发的书卷气更是令人赏心悦目。

我很幸运，成天和这样的孩子打交道。

我每天看到的是孩子们捧读书籍的优雅姿态，他们的神情是如此专注，真正的阅读就在这样的姿态中起航，并全速前进。

我每天读到的是源自生活的一篇篇习作。不是为了比赛和考试，写作就是道出动人的生命经验，珍藏独特的生命记忆。抒发的畅快、纯美的情感在语言的拿捏中富有张力地生成，写作成了一种最自然纯粹的表达。

我感动于孩子们的勤奋、聪颖、惜福、明理。哪怕只给他一片树叶、一个微笑，也会撩动他们满心的感激，他会回赠老师一颗润喉糖、一只千纸鹤、一条短信、一串黄桷兰……这样的孩子怎能不让老师倾注全心，摇曳出万种才情！

我还看到了他们身后的父母，小心翼翼播撒一粒粒文学的种子。他们坚信在文学滋养下成长起来的孩子有更深的智慧和更美好的未来。

童年的精神家园里不能缺少文学。把文学之美带给孩子，让他们沉浸其中并获得愉悦，是每一位老师和家长的神圣职责。

那么，就让我们执着地守护着这个家园，让孩子享受文学带来的幸福吧！